仕事筋《きん》トレーニング Training Working Muscle No. 1

図解

コンサルティング力養成講座

斎藤　広達　Kotatsu Saito

Pan Rolling Library

文庫化にあたって

コンサルティング力が求められる時代になったと実感します。

スピードのこの時代、考える力を持って短時間で正しい答えを導き出し、それを具現していく。今まで以上にコンサルタントが必要とされる世の中になってきたようです。とはいえ、ビジネスパーソン全員がコンサルタントになれるわけではなく、またその必要もありません。要はコンサルタントの問題解決手法を体得できればよいのです。

本書では、著者のコンサルティング経験をベースに、できるだけ内容をシンプルに翻訳し、忙しいビジネスパーソンの方々がスキマ時間を使ってケーススタディの1、2題を解き、本書の解説を噛み砕いて自らの血肉にできるよう仕上げました。

コンサルタントをしていて実感したのは、日本のビジネスパーソンの実力が相当高いということです。仕事を完遂する力、知っている領域で問題解決する力は世界でも十分通用します。一方で、一人前になるための下積み時間が長すぎる……。MBA（経営学修士）などの「特急券」を持って、30代前半からバリバリ経営者として経験を積める欧米企業と比較すると、ちょっともったいない気がします。

一部のベンチャー企業を除けば、日本では経営幹部として活躍し始めるのは早くて40代から。でも、その世代になったとき、それまで基本手法を身につけてこなかったせいで、累積経験や実務知識でしか問題解決ができない。コンサルタントとして仕事をしながら、こういった場面に何度も遭遇してきました。

経営幹部になる前に、世界標準の戦略思考を身につけておく。世界のビジネス界で一般常識のように使われている用語を知り、世の中の事例や、自社のケースに置き換えながら、しっかり自分の言葉として使えるようになっておく。

自分と同世代の30代の方々、そして経営幹部として働き始める40代以上の方に、そのためのネタ本を提供したい。その思いで入門編を書きました。

例えば、マーケティングの４Ｐという考え方は、今では本当に多くの人が知っているフレームワークです。

最適なマーケティング活動を行うために、四つのＰ「Product（商品）、Price（価格）、Place（販売チャネル）、Promotion（販売促進）」に分けて検討する。でも、実際にそれを身近なケースに当てはめ、具体的にどんなことを考えたらよいのかというレベルまで踏み込むと、実はよく分からないという方も多いと思います。

もしあなたがその一人だとしても、恥じることはありません。そのためにこの本があるのです。本書では、一般的に知られている戦略やマーケティングの基本的な思考方法について、ケーススタディ形式で解説しています。ビジネス用語を覚えるだけでなく、明日からそれらを使えるようになる本。単なる教科書ではなく、すぐにでも使える実践マニュアルを作り上げたつもりです。

具体的には、ケーススタディ形式で出題された現実的な問題に、四つの選択肢が用意され、そこから正解を選び出すという形で進みます。その過程で、ビジネス課題の解決に不可欠な「基本手法」をマスターできるようになっています。

さて、本書は２００５年９月にゴマブックスから出版された『ビジネス力養成講座　入門編』を加筆・修正して文庫化したものです。当時、世の中をにぎわした企業のトピックスを題材に例題を作成しているため、新鮮さに欠ける点があるかもしれません。

しかし、各問題が問う本質は、時代に関係なく共通しています。今回、文庫化に向けて原稿を読み返しながら、企業を取り巻く諸問題の根っこが同じであることを再確認しました。読者の皆さんも同じ感覚をもって、各問題に取り組んでいただけたらと思います。

前置きはこれぐらいにして、さっそく問題に取り組んでみましょう！

２００８年１月

斎藤広達

Contents

Chapter 1. 経営戦略系

Chapter 2. 分析手法系

Chapter 3. 商品マーケティング・企業ブランディング系

Chapter 4. 会社人事系

Chapter1. 経営戦略系

例題①

キャッシュ・マネジメント

よくあるSituation

予想売上
3億円で回収は翌月、
5億円で回収は6カ月
後、どちらの事業機会
を選ぶ？

問題

今、二つの新規事業機会があり、早急な意思決定を迫られている。一つは、ブロードバンドを活用したコンテンツ配信事業で、得られる予想売上は３億円だが、資金回収は翌月。もう一つは、パートナー企業と組んだ新商品開発で、資金回収は６カ月後だが、５億円の予想売上が見込める。

両事業ともすぐに準備を始めないとビジネスチャンスを逃しかねないため、早急な意思決定が求められている。なお、必要な人員や投資金額は同じくらいとする。あなたがベンチャー企業の経営者であれば、どちらの案件を優先するか？

A 予想売上が大きい、パートナー企業との新商品開発を選ぶ

B 資金回収を優先して、コンテンツ配信事業を選ぶ

C 先に交渉が決まった事業を優先して始める

D どちらの事業もできるよう体制構築と資金調達を行う

Key Word !

●ＤＣＦ ●ベンチャー企業の経営リスク

売上をとるか回収期間を優先するか

両事業とも魅力的な新規事業機会であることは確かです。

携帯とブロードバンドが普及した今、ネットビジネスはコンテンツを核とした業界再編・事業提携が進んでいます。

2005年春に世間を騒がせたライブドアによるニッポン放送の買収劇は、メディア買収の側面以外に、フジサンケイグループが持つ優良コンテンツ（テレビ・ラジオ番組や音楽等）が狙いとの指摘もありました。その後、楽天がTBS（東京放送）の大株主となり、業務提携の話し合いを続けています。

携帯向けコンテンツ配信大手のインデックスには、民放キー局各社やCS放送のスカイパーフェクト・コミュニケーションズ、出版社の幻冬舎が205億円の出資を決めています。

もう一つの新商品開発は5億円の予想売上が見込め、資金回収が6カ月後であることから、本格的な共同事業と言えます。発展途上のベンチャー企業にとっては、大きく飛躍するチャンスでもあるのです。

■ベンチャー企業の倒産

２００３年11月26日、ゲームソフト卸のデジキューブが破産を申請し、倒産。ヘラクレス上場会社の倒産第一号となってしまいました。

同社は１９９６年にスクウェア（現スクウェア・エニックス）の１００％出資で設立されたベンチャー企業。98年に現ジャスダック、00年にはヘラクレス市場への上場を果たしています。

倒産の直接的な原因は、ゲームソフト市場の悪化による販売不振でした。01年３月期の売上高４４９億円に対し、03年３月期は２２８億円と半減していたからです。とはいえ、販売不振は日常化しており、それだけでは突然の倒産を説明できません。

東洋経済新報社の『倒産会社の見分け方 番外編８』によれば、**売上債権**※の増加で資金回収が遅れていたところに、売上高の減少が重なり、運転資金がショートしたものと同社の財務データから分析しています。

デジキューブに限らず、資産や収益機会の少ないベンチャー企業の経営は、資金繰りとの闘いでもあるのです。あなたがベンチャー企業の経営者なら、どちらの案件を選ぶでしょうか？

ベンチャー企業倒産のパターン

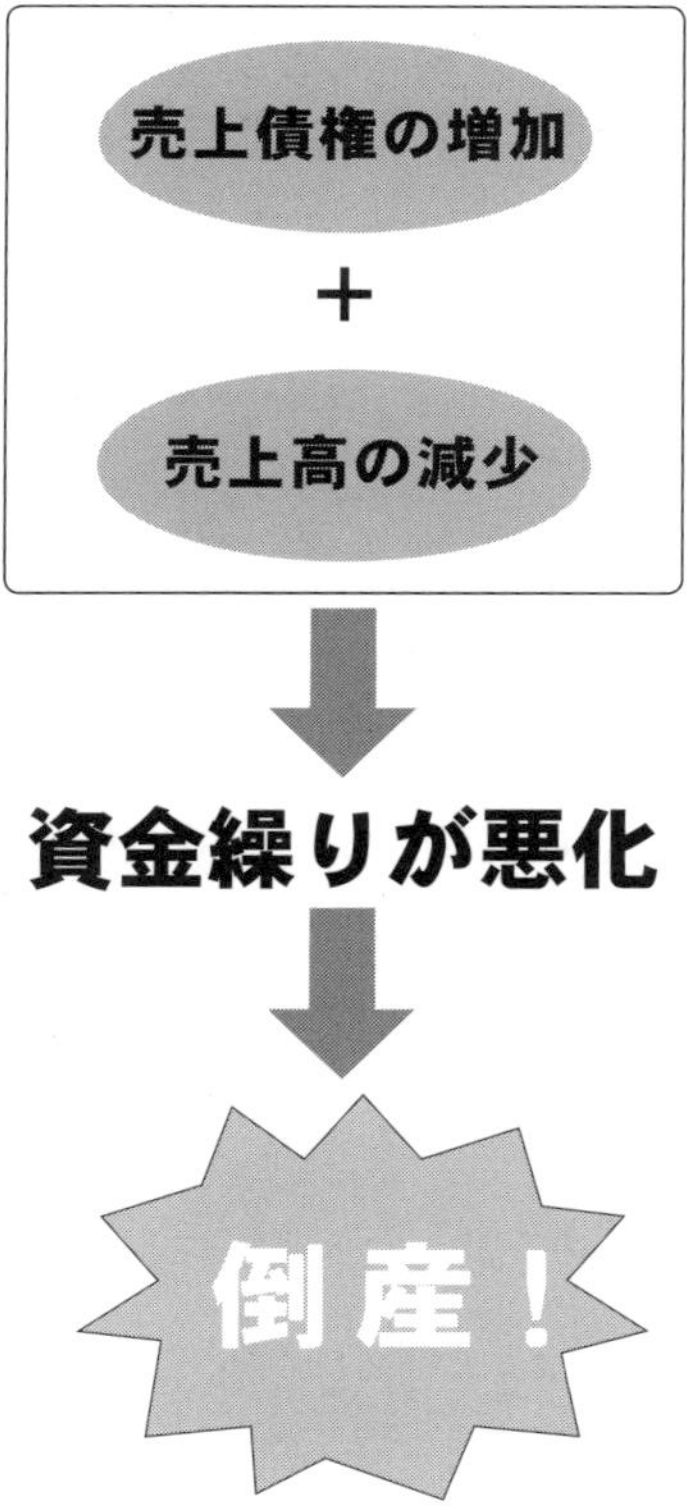

ベンチャー企業の経営は
資金繰りとの闘いでもある

コンサル的 Suggestion

・金額の大小を単純比較しない
・予想売上は回収期間に応じて割引き
・運転資金のショート　など

『ベンチャーの経営リスク』を考慮する

正解を出すには、二つの観点からの検討が必要になります。予想売上の３億円と５億円の現在価値を把握し、さらにベンチャー企業の経営リスクを考えてみましょう。

正解を出すには、二つの観点からの検討が必要になります。一つは回収期間と予想売上の大きさとの関係です。

3億円と5億円を単純に比べてはいけません。1カ月後の3億円と6カ月後の5億円の現在価値は、回収期間の長さに応じて割引く必要があるのです。

この割引率をディスカウントレートと言い、将来得られる予想売上（**キャッシュフロー**※）から割引率×期間分の損失を差し引いた売上が、現在売上（価値）となります。こうしたDCF（ディスカウント・キャッシュフロー）の考え方は、企業や債権などの現在価値を計る際の基本となるものです。

■今と1年後の現在価値は違う

ＤＣＦを単純化して説明します。今、自分の財布にある1万円は額面どおり1万円の現在価値がありますが、「1年後に金利10％で返す予定」の1万円には、金利分を割引いた約９０００円の現在価値しかないのです。

さっそく、ＤＣＦの考え方を利用して、コンテンツ配信事業と新商品開発で得られる予想売上の現在価値を試算してみましょう。

両事業の割引率を10％とすると、翌月回収できる3億円の現在価値は、ほぼ3億円のまま。一方、回収までに半年かかる5億円の現在価値は4億８０００万円弱。実のところ、回収期間の長さを考慮したとしても、予想売上の現在価値は

5億円の新商品開発のほうが大きいのです。
が、これだけで意思決定するのは間違いです。ベンチャー企業の経営という、二つ目の検討が重要なのです。

■ベンチャーは回収期間を優先

株式公開に成功し、多額のキャッシュ（現金）を得た企業はともかく、ベンチャーの大半は運転資金が潤沢ではありません。会社を成長させるには、事業投資資金に加え、人材を増やす費用も必要です。また、取引先の都合で売掛金の回収不能や支払い延期といった突発的な事態が発生しやすいもの。

信用実績、担保重視の金融機関が、おいそれと追加融資してくれる保証はどこにもありません。最悪の場合、資金回収する前に運転資金が底を尽き、倒産してしまうリスクがあります。

「万が一に備えた※**キャッシュの回収を優先**する」がベンチャー経営の鉄則です。

ＤＣＦで見る現在価値

■現在価値試算

コンテンツ事業　3億円　→（翌月）→　3億円

新商品開発　5億円　→（6カ月後）→　4.8億円

※割引率 10%と仮定

■運転資金

5億の資金が"寝る"
＝その他の事業を展開できないリスクも…

突発的な支払いに対応できない
（ベンチャー特有）
⇒追加資金調達できないと、倒産のリスクも…

正解 B

A 予想売上が大きい、パートナー企業との新商品開発を選ぶ ……△

B 資金回収を優先して、コンテンツ配信事業を選ぶ ……○

C 先に交渉が決まった事業を優先して始める ……×

D どちらの事業もできるよう体制構築と資金調達を行う ……△

解説

Aの「予想売上が大きい、パートナー企業との新商品開発を選ぶ」は△です。潤沢なキャッシュがあるベンチャー企業の経営者なら、6カ月後の5億円を取りにいく決断も間違いではありません。しかし、5億円の資金回収を半年間も寝かせることで生じるリスク、その間の運転資金不足や**事業投資機会を逃す**※ことを考えると、間違いになります。

Bの「資金回収を優先して、コンテンツ配信事業を選ぶ」が正解です。投資後わずか1カ月で得る3億円のキャッシュは、ベンチャー企業にとって貴重な運転資金となるばかりか、会社の成長に欠かせない次の事業機会への投資財源ともなるからです。

Cの「先に交渉が決まった事業を優先して始める」は論外です。論理的な意思決定ではないからです。とはいえ、実際にベンチャー経営をしていると売上を作る機会はとても貴重です。決まった瞬間にベンチャー経営者が即決する気分も分からなくはないですが…。

Dの「どちらの事業もできるよう体制構築と資金調達を行う」は△です。1カ月後に3億円、6カ月後にも5億円の資金を回収できれば、会社としては万々歳です。まれに資金調達が可能なケースがありますから、完全な不正解ではありません。が、ベンチャーでは、二つの事業準備を同時並行で進める社内体制づくりは現実的に困難と言えるでしょう。

用語

売上債権

受取手形と売掛金が含まれ、現金（キャッシュ）が入金されなくても会計（帳簿）上は売上として計上できる。その反面、回収できない・回収が遅れるリスクがあるため、過剰に増えた場合は資金繰りが悪化する。会計（帳簿）上は黒字だが、実際の資金回収が伴わずに運転資金が尽きると、黒字倒産となる。

キャッシュフロー経営

キャッシュフロー（Cash Flow）とは、「現金・預金などの流れ」を意味する。企業で生じた現金の流れをまとめたものをキャッシュフロー計算書と言い、主要な経営活動である。営業、投資、財務の各活動別に表示される。それにより明らかになった源泉と使途は、経営者の意思決定行動とその成果がストレートに反映されるとされている。

キャッシュフロー経営とは、そのようなキャッシュフローや分析をベースとした経営方針のこと。回収不能な不良債権等を出さないよう、万が一に備えてキャッシュの回収を優先させる経営方針とも言える。

キャッシュの回収を優先

（＝キャッシュフロー経営）

事業投資機会を逃す（機会損失の一種）

機会損失とは、ある行動や決断をしたがために、別の行動や決断ができず、そこから得られたはずの利益を失うこと。この場合は資金回収できない半年間に、より確実で会社を成長させる好機があっても、投資できる資金がない。みすみすビジネスチャンスと利益を逃すことを意味する。

Chapter1. 経営戦略系

例題②

M&A
(合併・買収)

よくあるSituation

オフィス製品業界の中位メーカーから買収打診。いかに買収効果を検討すべきか?

問題

あなたはオフィス製品業界上位の大手メーカーの戦略企画部で働いている。これまで会社はブランド価値を重視した高性能商品のラインアップで成長してきた。が、最近は海外ブランドや国内中堅メーカーの攻勢に遭い、売上・利益とも伸び悩んでいる。

そんな折、低価格商品で成長してきた業界中位のメーカーから買収の打診があった。コスト削減とシナジーの発揮による売上増が見込めそうである。いかに買収効果の検討を行い、経営陣にどんな判断材料をプレゼンするのが適切か？

A コスト削減効果のみを試算する

B シナジー発揮による売上増を試算する

C ノウハウ獲得を主たる目的とし、売上／利益変化は見込まない

D ブランド構築のための買収と考え、その方法を検討する

Key Word

●コスト削減効果 ●事業シナジー

M&Aは企業同士の結婚である！

M&A（合併・買収）は、企業同士の結婚と考えられます。結婚は家庭環境の違う2人が共に暮らし、1＋1＝2・5以上の生活を送るものです。互いの足りない点を補い支え合うことで、「苦しみは半分に喜びは何倍にも」というシナジー（相乗効果）が生まれます。

また、生活費のコスト削減が可能です。同居の結果、地代家賃や食費、光熱費といった固定費が減り、税制上の優遇も受けられるからです。

M&Aの直接的なメリット[※]（収益インパクト）も同じです。コスト削減と事業シナジーの追求がメインで、すぐに収益化しにくいノウハウの獲得は、二次的なものと考えていいでしょう。

コスト削減では、オフィス家賃などの間接費、スケールメリットによる製造、調達費などの削減が見込めます。事業シナジーの追求では、商品ラインアップの補完などによるクロスセルが見込めます。その後のノウハウ獲得を含め、企業価値が1＋1＝2・5以上に高めるのが、理想的なM&Aです。

■二つのメガバンクがプロポーズ

2004年7月、UFJホールディングス（花嫁）から経営統合を申し込まれた三菱東京フィナンシャル・グループ（花婿）は、即自らプロポーズし、UFJとの合併（婚約）を発表しました。が、直後に三井住友フィナンシャルグループという別の男性が現れ、UFJに猛烈なアタックを始めたのです。

メガバンクの一角を占める三井住友としては、UFJを三菱東京にとられてしまうと、圧倒的な規模の差が生じてしまいます。「なんとか我が嫁に」と考えたのも無理はありませんでした。裁判闘争の軍配は三菱東京に上がりました。同8月、05年10月をメドに「三菱UFJホールディングス（現・三菱UFJフィナンシャル・グループ）」設立の基本合意に達します。

この基本合意では、三井住友の登場により当初案と比べ、UFJ有利に変更されました。資本支援だけでも3000億円から5000億円（必要に応じてさらに2000億円の追加）にアップ。三井住友という別の男の登場で、UFJの発言権が強まったのです。このへんも結婚話と似ていませんか。

M&Aによるインパクト
（直接的な収益インパクト）

コスト削減

●間接費の一本化

・家賃、水道光熱費
・管理部門の人件費

●スケールメリットによる製造費・マーケティングコスト

・システム統合等
・調達コスト
・広告購入コスト

条件

同じような業界・企業で結合できる部門の重なりが多いこと

事業シナジーの追求

商品ラインアップの補完によるクロスセル

⇒お互いのお客様に商品を販売しあう仕組み

条件

顧客層が似ていること

コンサル的 Suggestion

両効果が揃えば理想だが顧客はシナジーを求めていない
商品の違いに着目しコスト削減効果を重視すべき！

コスト削減効果と事業シナジーの両方を見込めるのが理想ですが、ベストな案件ばかりではありません。相手企業との違いを見極め、より現実的な買収効果を試算することです。

問題編で紹介した三菱東京フィナンシャル・グループとＵＦＪホールディングスの経営統合（合併）は一応、教科書どおりのＭ＆Ａと言えるでしょう。

コスト削減では首都圏の重複店舗を統廃合できるうえ、システム費用を削減できます。１５００〜２０００億円を投じ、システム統合完了後は、年間８００〜９００億円（08年度）のコスト削減を見込んでいます。

一方の事業シナジーの追求についても、店舗網と業務の補完による相乗効果が期待できます。東京三菱銀行の店舗は首都圏に多く、ＵＦＪ銀行は首都圏、東海、関西とまんべんなく店舗が広がっています。また、三菱東京が大企業や富裕層との取引が強いのに対し、ＵＦＪは個人営業が強みです。

三菱東京FGとUFJホールディングスの経営統合による直接的なメリット

●コスト削減

間接費

・重複店舗の統廃合　・オフィスコスト等

スケールメリット

・システム統合等

●事業シナジーの追求

地域の補完性

・店舗網の全国展開

業務の補完性

・大企業、富裕層に強い三菱東京と個人営業に強いUFJ

■シナジーは顧客が決める

しかし、理想的なM&Aであっても、成功する保証はありません。M&A後に企業価値が高まるかどうかを決めるのは、経営陣ではなく、株主や顧客だからです。これは友好的M&Aか敵対的買収かといった手法の違いとも無関係です。

01年、アメリカ・オンライン（AOL）とタイム・ワーナーが相思相愛で合併。史上初のインターネット、映画、テレビが融合する世界最大のコンテンツ企業の誕生でした。

ところが、シナジーは発揮されず、合併は完全な失敗に終わりました。M&A成功の最終判断は顧客が握っています。とくに事業シナジーの予測では、満たすべき条件の「顧客層や顧客ニーズの重なり」が重要です。仮にバーバリーがファーストリテイリングのユニクロを買収したとします。高級ブランドのバーバリーが低価格のカジュアル衣料に進出しても、「なんで？」というのが顧客の正直な感想でしょう。

■志向ニーズの違いに注目

今回はどちらもオフィス製品メーカーです。当然、製造拠点や流通網などの統廃合によるコスト削減効果は十分です。その分が会社の利益となります。

もう一方の事業シナジーの追求はどうでしょうか。ブランド価値のある高性能商品に加え、低価格商品で成長したメーカーを買収するのですから、商品ラインアップの拡充には役立ちます。同時に、低価格商品を購入する顧客層も獲得するため、伸び悩んでいた会社全体の売上は増加するでしょう。

ただし、高級志向の顧客（市場）ニーズと低価格商品の顧客（市場）ニーズは似て非なるものと考えられます。**クロスセル**※の実現は難しく、高性能商品に活用できる開発製造ノウハウも少ないと見るのが自然です。つまり、コスト削減は効果的だが、事業シナジーはほぼ見込めないと判断できます。

今回の場合

コスト削減
⇒○

事業シナジーの追求
⇒×

↓

高級志向のニーズ
≠
低価格商品志向のニーズ

例：バーバリーによるユニクロ買収???

↓

要はお客さまが求めていない！

正解

A

A	コスト削減効果のみを試算する	……○
B	シナジー発揮による売上増を試算する	……×
C	ノウハウ獲得を主たる目的とし、売上／利益変化は見込まない	……×
D	ブランド構築のための買収と考え、その方法を検討する	……△

解説

Aの「コスト削減効果のみを試算する」が正解です。理想的な案件ではないのですが、コスト削減による利益増加だけでも買収投資に見合う十分なリターンが得られるからです。

Bの「シナジー発揮による売上増を試算する」は間違いです。売上は1＋1＝2に増えますが、顧客ニーズの違いが明確ですから、それ以上のシナジーは見込めません。ただし、プレゼン資料上では、なぜ事業シナジー発揮が難しいのか、論理的に説明するパートが必要そうですが…。

Cの「ノウハウ獲得を主たる目的とし、売上／利益変化は見込まない」も間違いです。買収相手のノウハウは自社に転用しにくく、そもそも売上／利益変化を見込まない買収は、投資とリターンの関係が不明確すぎます。

Dの「ブランド構築のための買収と考え、その方法を検討する」は△です。高級市場の伸び悩みが続く場合、高性能ブランドは維持しつつ、中低級市場向けのサブブランド開発が望まれます。その際、低価格商品の開発製造ノウハウが不可欠になるからです。中長期的な視点に立てば、この選択肢が結果として正解になる可能性があるということです。

M&A的結婚のデメリット

性格や育った家庭環境の差からくる価値観の違いで、結婚後の共同生活がうまくいかない。離婚（＝M&A解消）に伴う精神的苦痛・金銭的損失が大きい。家や財産、ローン、年金の名義・分配問題に始まり、子供の親権や養育費の問題は、その代表例である。

クロスセル

ある商品に関連した別商品の販売を促進すること。「クロスセリング」とも言う。関連性の高い商品を並べて提供することで、販売促進につなげることが目的である。これに対し、より価格の高い商品や付加価値の高い商品の提案販売を「アップセル」もしくは「アップセリング」と呼んでいる。

Chapter 1. 経営戦略系

例題③

事業提携

よくあるSituation

**画期的なゲームソフトが開発できそう。
市場を席巻するためのハード開発はいかに？**

問題

中堅ゲームソフト開発企業の新規事業開発チームの一員。新しいゲームソフトの開発が最終段階を迎え、試作ソフトへの反応も非常に好評で、かなり期待できる内容である。独自設計による新しいゲーム機器を同時に開発できれば、これまでにないゲームソフトとハードの組み合わせで、市場を席巻できる可能性があると思っている。

しかしながら、本格的なゲーム機器開発のノウハウがあるわけではなく、販売流通ルートを開拓して新規参入しようにも競合他社がたくさんいる。どうしたらよいか？

A 大手ゲームメーカー（ソフト開発、機器製造）を買収する

B 中堅のゲーム機器製造メーカーを買収して、機能を補完する

C ゲーム機器製造メーカーと事業提携の道を探る

D 自力でゲーム機器製造事業を立ち上げる

Key Word !

●バリューチェーン ●オプション比較

ゲーム・玩具業界の再編が本格化

ゲーム・玩具の垣根を越えた業界再編が本格化しています。

2005年5月2日、ゲームソフトメーカーのナムコと玩具大手のバンダイが、経営統合を行うと発表しました。9月29日には持ち株会社「バンダイナムコホールディングス」による新体制がスタートしました。

バンダイは1997年に、セガとの合併を発表したことがあります。が、このときは発表直後からバンダイ社内の反対が強く、結局は**合併合意が解消**※されています。

セガはドリームキャストの製造中止後、ゲーム機器製造から撤退。ゲーム業界市場が縮小するなか、ソフト開発メーカーとして生き残りを図ってきました。合併話が出ては消えを繰り返し、結局は04年10月に、パチンコ・パチスロ機器メーカー大手のサミーとの経営統合を果たしました。

さらに06年3月には、玩具2位のタカラと3位のトミーが合併。タカラトミーの売上高は2007年現在、約1800億円です。差は大きいですが、バンダイナムコホールディングスの約5300億円に次ぐ規模となっています。

ゲーム・玩具業界は、もともと好不調の波が激しい業界です。右肩上がりの成長が止まり、ゲーム機器（ハード）の性能向上に伴うソフトの開発費用も高騰しています。

■市場活性化に向けた兆しも

しかし、業界に明るい話題がないわけではありません。

一つは携帯ゲーム機の販売が好調なこと。「Nintendo DS」と「PlayStation Portable（PSP）」は世界的にヒットしました。とくに「脳トレ」などの人気ソフトによって「Nintendo DS」は大ヒット商品になり、新たな顧客層を取り込み、市場が活性化しています。

二つ目は、オンライン・ゲームユーザーの拡大です。韓国などと比べると、国内市場はまだまだ未成熟ですが、ユーザーの関心は増しています。その分、発展の余地があると言えます。

開発の最終段階を迎えたゲームソフトは、試作品への反応も好評。市場を席巻する大ヒットの可能性を感じているのですから、形はどうあれハードとの組み合わせは有効です。買収、提携、自社開発のうち、果たしてどの方法を選ぶべきでしょうか？

ゲーム・玩具業界の再編

2006年3月

玩具2位のタカラと
玩具3位のトミーが合併

2005年9月

ゲームソフトメーカーのナムコと
玩具メーカーのバンダイが経営統合

2004年10月

パチンコ・パチスロ機器メーカーの
サミーとゲームソフトメーカー
セガが経営統合

コンサル的 Suggestion

買収、提携、自力について実現性やリスクの４項目でオプション比較する！

リスク大、×は選択しない

買収か提携か自社開発かという大雑把な区分けでは、最適な選択肢を選べません。さらに詳細な比較項目を設定し、オプション比較できる状態で検討することです。

■なぜ連携が必要なのか

ゲームソフトとゲーム機器（ハード）は切っても切れない関係にあります。言うまでもないことですが、ソフトの容量や動作性はハード性能の制約を受け、ハードの販売台数拡大は人気ソフトがカギを握っています。

現実のソフトとゲーム機器の開発販売は、別ルートで行われます。が、ここでは問題を整理するため、一体化した**バリューチェーン**※に簡略化してみます。

新ソフトがユーザー提供されるまでには、ソフト企画↓開発↓ソフト販売↓機器開発↓生産↓機器販売のビジネス活動（機能）が必要です。

このうち、自社で完全にコントロールできるの

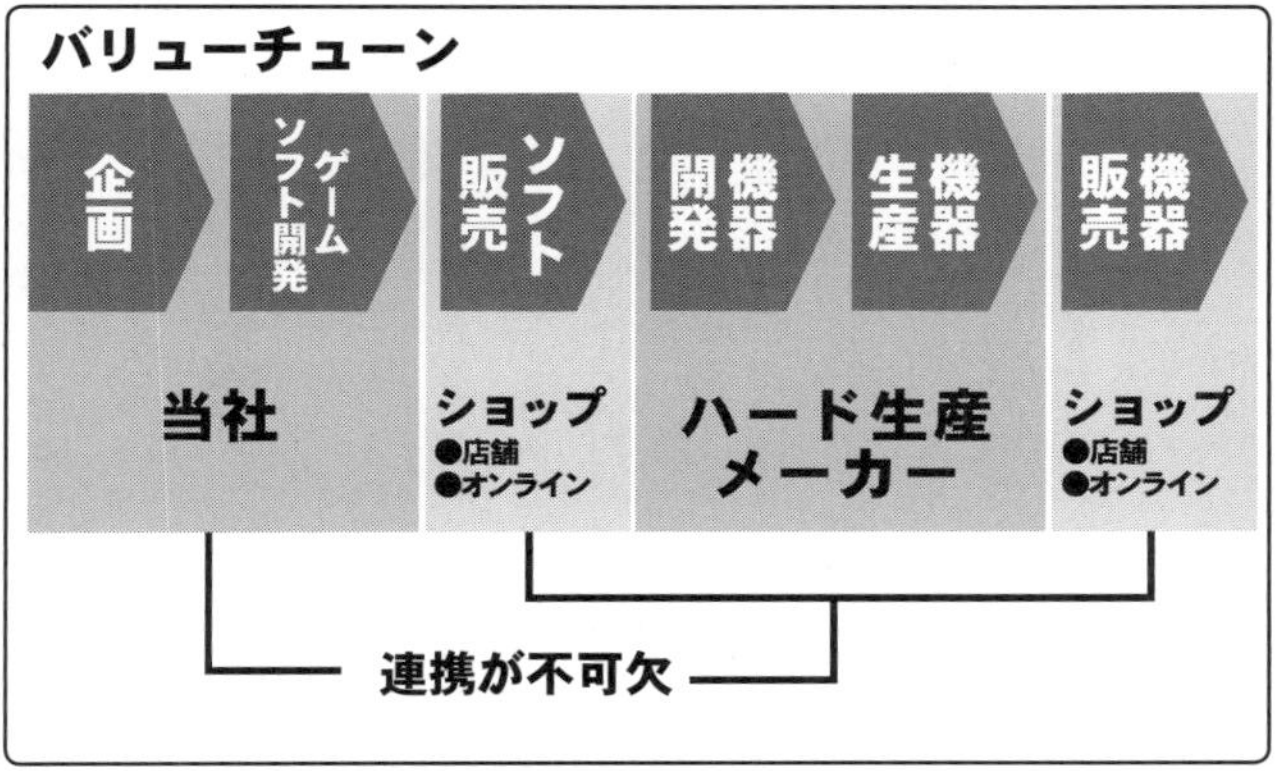

は、ゲームソフトの企画と開発部分のみ。販売は大手量販店の力が強く、個別ソフトメーカーとの事業提携が実現するとは考えられません。

現状の問題は、ゲーム機器開発・生産機能との連携がないことです。それも自社の意向が強く働く形での連携がベスト。新ソフトのゲーム性を最大限引き出すには、独自設計による新たなゲーム機器開発が望ましいからです。

具体的な選択肢には、ゲーム機器製造メーカーの買収、提携、そして自力でハード開発生産部門を立ち上げる、の三つが存在します。でも、「買収、提携、自力のどれか」という条件だけでは、検討のしようがありませんね。そこで登場するのが、コンサル流のオプション比較です。

①ハードとソフトの連携力（自社コントロールの強さ）②実現性③必要な資金④リスクを項目別

に検討し、最後にトータルなメリット・デメリットを経営者の立場で判断するのです。

■オプション比較の鉄則とは

ハードとソフトの連携力は当然、自力が高く、買収、提携の順で低くなります。連携力が低いと自社のコントロールも弱まり、相手企業の意向に左右されやすくなるリスクが発生します。

実現性はまったくノウハウのない自力が乏しく、提携は十分可能。買収は相手企業によるでしょう。必要な資金量はゼロから立ち上げる自力と買収が大きく、提携が最小となります。

最後にリスクですが、やはり自力が大きく、相手次第とはいえ、社風や開発志向の違いがある買収は中から大で、ギャンブルの要素が高まります。リスクの大きさも提携が最小です。

「ここは連携力の高さを重視して自力か買収だ！」

ちょっと待ってください。コンサル流のオプション比較では「〝×〟や〝リスク大〟があるものは選択肢になりえない」が鉄則なのです。

オプション比較表

	自力	買収	提携
ハード&ソフトの連携メリット	◎	○ コントロールできる度合いが弱い	△～○ 先方の意向に左右される
実現性	△～× まったくノウハウなく立ち上がるか疑問	？ 相手次第	○
資　金	大	大	最小
リスク	大	中～大 ギャンブル性が高い	最小

↓

オプション比較の場合
“×”がつく項目は選択肢に
なり得ない。

正解

C

A 大手ゲームメーカー（ソフト開発、機器製造）を買収する ……×

B 中堅のゲーム機器製造メーカーを買収して、機能を補完する ……△

C ゲーム機器製造メーカーと事業提携の道を探る ……○

D 自力でゲーム機器製造事業を立ち上げる ……×

解説

Aの「大手ゲームメーカー（ソフト開発、機器製造）を買収する」は不正解です。中堅ソフトメーカーによる大手ゲームメーカーの買収は、現実的には不可能だからです。よほど割安な出物（企業）でもないかぎり、単なる夢物語で終わってしまいます。

Bの「中堅のゲーム機器製造メーカーを買収して、機能を補完する」は△です。資金調達の可能な範囲で中堅ゲーム機器製造メーカーを買収し、機能を補完する意思決定はあり得ます。ただ、資金調達リスクに見合う買収価格であること。自社がコントロールできる買収先であることが絶対条件です。

Ｃの「ゲーム機器製造メーカーと事業提携の道を探る」が正解です。連携力こそ多少弱まりますが、実現性が高く、リスクや必要資金は最小。オプション比較の鉄則に則った、よりベターで現実的な選択肢と言えるからです。

Ｄの「自力でゲーム機器製造事業を立ち上げる」は不正解です。ビジネスはギャンブルとは違います。万が一、結果オーライになったとしても、成功確率が低く、リスクの大きなＤを選ぶのは誤った意思決定です。潤沢な資金がある、社運を賭けて新規事業に取り組まざるを得ない状況にあるといった、特殊なケースでは、正解になる可能性もあります。

用語

合併合意が解消

97年1月、「10月1日付でセガと合併し、新社名をセガバンダイとする」と発表。ところが、バンダイ社内から合併を疑問視する声が高まり、同年5月、同社の申し入れで合併合意は解消された。反発の理由は、玩具中心のバンダイとゲーム中心のセガとの社風の違い、当時はドリームキャスト（2001年に製造中止）で勢いのあったセガにのみ込まれる恐れがある、発表直後に「たまごっち」が大ヒットしたことだったと推測されている。

バリューチェーン

80年代にハーバード・ビジネススクールのマイケル・E・ポーター教授が提唱したフレームワークのこと。企業のさまざまなビジネス活動・機能が最終的な付加価値（商品やサービス）にどれだけ貢献しているのかを、量的・質的に把握するための分析ツール。あるメーカーの製品では、営業販売とマーケティングの貢献度が高く、商品企画と製造は低いとする。その場合、企画部門は人材獲得を強化し、製造は委託生産するなどの解決策が考えられる。

Chapter1. 経営戦略系

例題④

企業再生

よくあるSituation

赤字転落の子会社再生請負人に就任。あなたが描くべき成長戦略は？

問題

大手総合商社の関連会社管理部門で働くあなたは、近年赤字に転落した中核子会社の再生を任された。

その子会社は複数の事業部によって構成され、売上規模も競合企業並みを確保しているのだが、過去の稼ぎ頭だった事業部の業績が低迷し、さらには、それを補うために立ち上げた新規事業が育っていない。

上司からは「ゼロベースの思い切った戦略や施策によって、2年以内に再生させてほしい」との指令が出ている。一体、どんな事業ポートフォリオ戦略を作り上げるべきか？

A 成長性の高い新規成長事業を立ち上げ、復活を目指す

B 既存事業の足元固めを最優先させ、成長戦略は一旦保留する

C 不採算事業からは即時撤退し、利益率の改善を目指す

D 収益性の高い事業に資源を集中させ、成長を目指す

Key Word

●事業ポートフォリオ ●鉄板とのりしろ

選択と集中により復活！

1980年代前半のシティバンクは、総資産・純利益とも全米最大の銀行でした。ところが90年代には、不動産や発展途上国などへの融資が焦げつき、巨額の不良債権を抱えた結果、経営危機に瀕していました。今また、低所得者向け住宅ローンのサブプライムローンで巨額の損失を出しているとは、歴史はくり返すということでしょうか。

ジョン・リード会長（当時）は、大規模な人員リストラと事業再編、主力役員の総退陣を断行します。と同時に、サウジアラビアの王子に再建プランを示し、5億9000万ドルの増資を受けることに成功しました。

再建プランに沿う事業再編に着手したものの、業績はその後も悪化。93年、シティバンクは**期限付きの数値目標**※を再度設定し、リテールに特化する「選択と集中」戦略を打ち出しました。

M&Aや証券業務といった投資銀行業務を捨て、米国内の消費者金融業務とアジアを中心とした現地密着型の銀行業務に経営資源を集中。この戦略が功を奏し、96年には全米トップバンクの地位に返り咲いたのです。

■時代に合った原点回帰で再生

国内楽器メーカーのヤマハも、再生した老舗企業の一つです。同社は99年3月期に、上場以来初めて経常赤字に転落。2000年3月期も2期連続の大幅赤字を計上しました。同社は楽器市場の縮小から、エレクトロニクス事業を拡大していたのですが、赤字転落の要因は電子デバイス事業の収益悪化によるもの。ヤマハは電子デバイス事業の大幅縮小と、楽器事業への本業回帰を決断しました。

しかし、それは縮小均衡とは違います。ヤマハの強みである音作りの技術を市場ニーズがある製品・サービスに活用し、事業拡大を図る〝時代に合った原点回帰〟だったのです。

楽器事業担当の伊藤修二専務が社長に就任したのが、00年4月。インターネットに接続できる楽器の販売、携帯電話の着メロ半導体の事業化などを推し進め、03年3月期には過去最高となる179億円の黒字を達成。04年3月期の最終利益は440億円で、2期連続最高益を更新しました。

中核子会社の再生を任されるあなたは、どんな事業ポートフォリオ戦略を作り上げるつもりでしょうか?

選択と集中により復活！

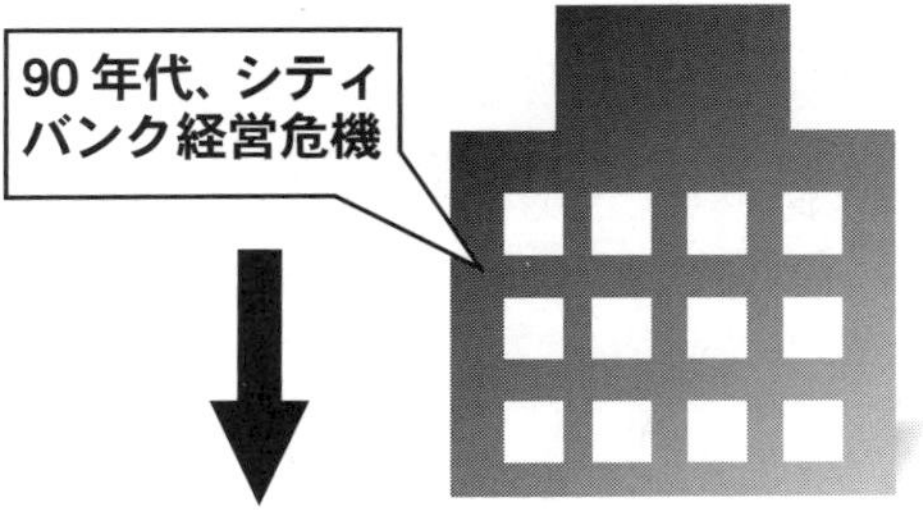
90 年代、シティ
バンク経営危機

「選択と集中」戦略

＝

**M&A などの投資銀行業務を捨て、
リテールに特化**

96年、全米トップ
バンクの地位に！

コンサル的 Suggestion

派手な成長戦略重視でも
単なる事業リストラでもない
企業再生の基本は“確実性”
まずは足元を固める！

事業ポートフォリオ戦略には「選択と集中」が欠かせませんが、何を基準に撤退、縮小、集中する事業分野を決めるのかが、最大のポイントです。

問題の子会社は現在、五つの事業部で構成されています。過去の稼ぎ頭だったA事業部と歴史の古いB事業部、そして数年前にスタートした新規事業のC、D、E事業部です。

事業規模はABCDEの順ですが、利益率はBACDEの順です。黒字を続けているのはB事業だけで、A事業は採算割れ寸前。残りの三つは赤字事業です。子会社の経営陣が新規事業を相次いで立ち上げた理由は、既存のA・B事業のマイナス成長が続き、収益性も悪化の一途をたどっていたからです。

新規事業のうち、CとDは事業規模こそ伸びているものの、未だに利益は出ていません。むしろ、事業規模が拡大した分、赤字額は増える傾向にあります。E事業にいたっては、成長性・利益率ともマイナスのままです。

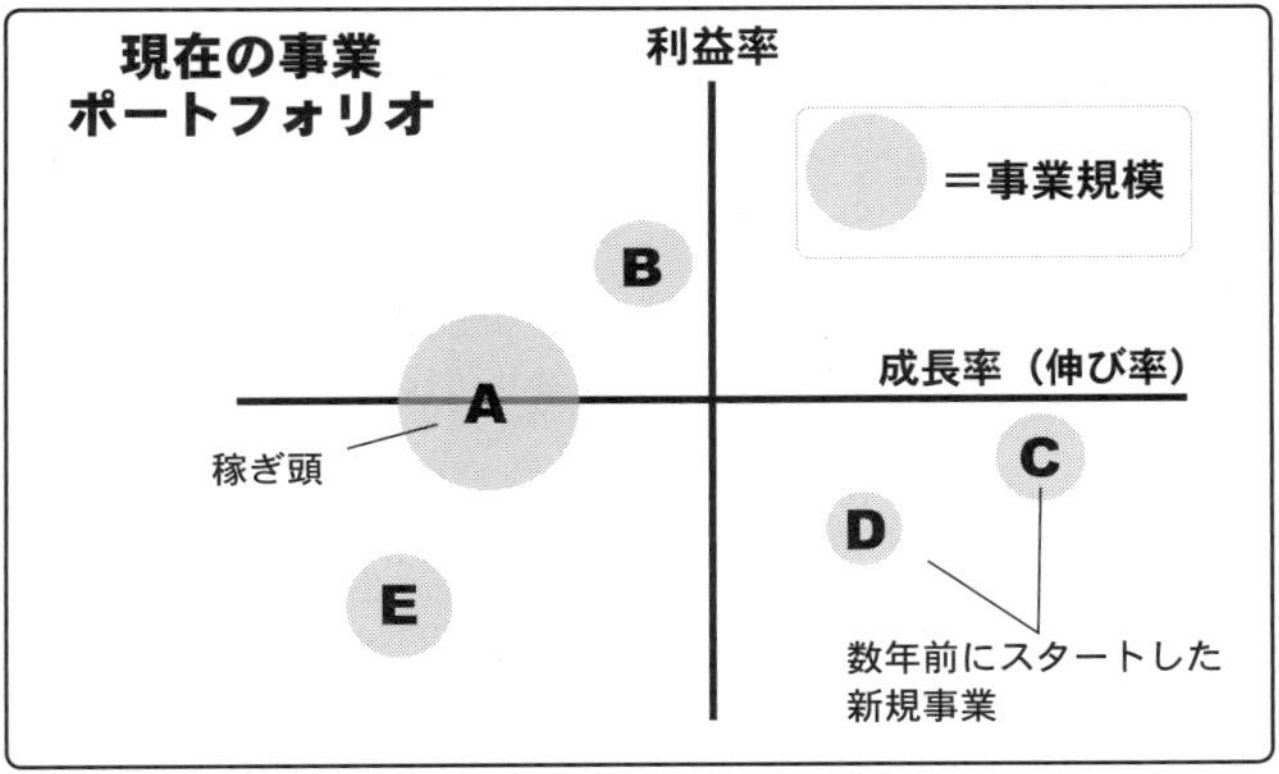

五つの事業をポートフォリオ化したものが、上図の「現在の事業ポートフォリオ」です。縦軸に利益率、横軸に成長性（伸び率）、○の大きさが事業規模の大きさを示しています。

現状は一目瞭然ですが、「だからどうする（＝So what※）」が見えてきません。実はこの基本的な事業ポートフォリオは入口の分析でしかないのです。

■将来の利益貢献度を予測

経営コンサルタントが**ゼロベース**※で企業再生戦略を考える際は、縦軸に「確実性」、横軸に「将来の利益貢献度」の事業ポートフォリオを作成します。

53ページのポートフォリオでは、AとB事業の確実性が高く、C・D事業は低くなります。高い成長性が見込めるF事業は、立ち上げる（かもしれない）新規事業。当然、確実性は最低です。成長性・利益率ともマイナスのE事業からは撤退しました。

利益貢献度は、既存事業のA、事業規模の伸びが続くCとD、そして万が一成功した場合のF事業が高く、B事業は低いと考えられます。

なぜかと言うと、A事業はかつて多くの利益を生んでいたので、業務オペレーションの改善さえ実行できれば、ほぼ確実に利益が上がるのです。事業規模の小さいB事業は利益貢献度こそ低いものの、現状ですら黒字化しています。改善後の利益貢献は確実です。

しかし、CとDは事業が成長しているにもかかわらず、未だに利益を上げられません。つまり、黒字化の可能性が低い事業なのです。成長分野で競合他社の参入が予測されるF事業についても、同じことが言えます。

鉄板なくして再生なし

企業再生では〝確実性〟がもっとも重要です。どれだけ確実にキャッシュを得るかが、会社の命運を握っています。そして確実にキャッシュを得られる事業が鉄板で、確実性の低いギャンブル的な事業がのりしろです。

企業再生では「確実性」が最も重要

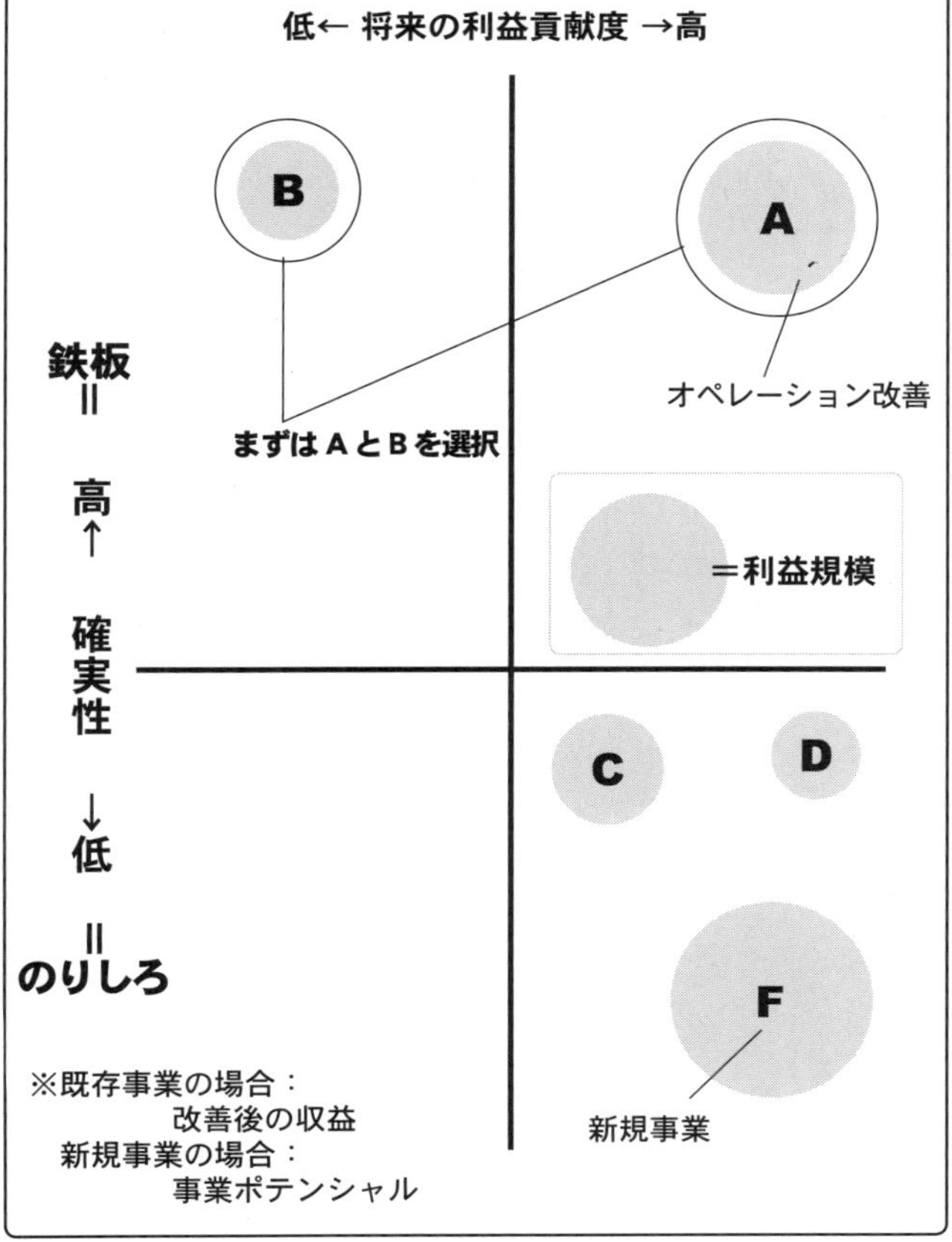

正解

B

A 成長性の高い新規成長事業を立ち上げ、復活を目指す ……×

B 既存事業の足元固めを最優先させ、成長戦略は一旦保留する ……○

C 不採算事業からは即時撤退し、利益率の改善を目指す ……△

D 収益性の高い事業に資源を集中させ、成長を目指す ……△

解説

Aの「成長性の高い新規成長事業を立ち上げ、復活を目指す」は論外です。のりしろに期待して一発逆転を狙うAは、選択肢に入りません。そもそも、事業立ち上げに多額の資金が必要になるのですから、現状では選択することが困難だと言えるでしょう。

Bの「既存事業の足元固めを最優先させ、成長戦略は一旦保留する」が正解です。派手さはなくても、この伝統企業の再生では足元固めがもっとも効果的だからです。収益力が確実に回復したあとに、次なる成長に向けた投資をすればよいのです。

Cの「不採算事業からは即時撤退し、利益

率の改善を目指す」は△です。Eのような不採算事業から撤退するのは当然ですが、目先の採算性や利益率ばかりに目がいくと、正解であるA事業の縮小・撤退を決断しかねません。

Dの「収益性の高い事業に資源を集中させ、成長を目指す」も△です。教科書的には間違いではないのですが、現在の収益性＝将来の収益性ではないとの視点が欠けています。仮にB事業に集中しても、企業再生に十分なキャッシュは稼げないからです。高い収益率の数字を見ると、ついつい期待をしてしまうものですが、利益の総量についても、しっかり目を向けるべきだということです。

用語

期限付きの数値目標

2年後には、「格付けをAaに復活させる」「自己資本比率を8・0%、準備金を150億ドルにする」「ROEを16〜18%にする」などの数値目標を掲げ、確実に達成していくことで市場（投資家）と顧客の信頼を回復した。シティバンクは98年10月、トラベラーズ・グループからの合併申し出を受け入れ、総合金融のシティグループとして新たなスタートを切っている。

So what

→113ページ参照

ゼロベース

過去の経緯や実績といった諸要因をいったんゼロクリアし、そのうえで最善・最適な対処法を考えること。

Chapter1. 経営戦略系

例題⑤

資金調達方法

よくあるSituation

既存事業と新規事業で早急の資金調達が必要。財務担当者として最適な方法は？

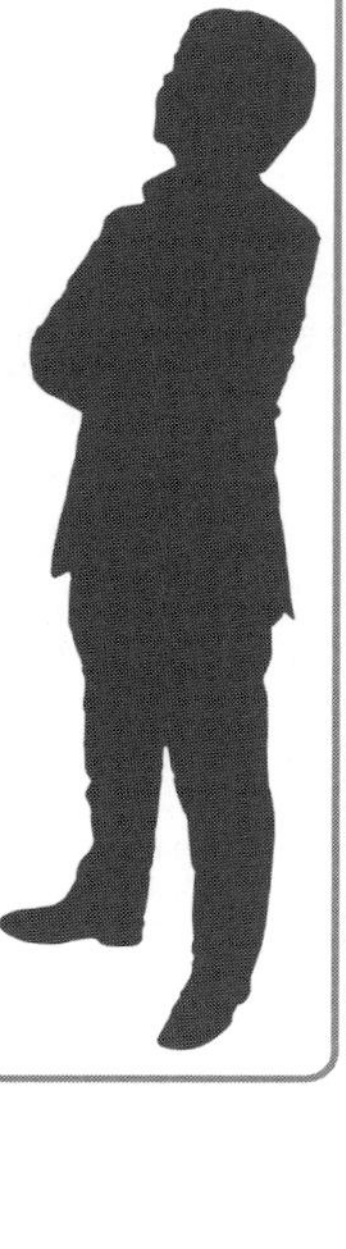

問題

ある一部上場企業の財務担当者。会社の看板事業とも言える既存事業の拡張と新規事業立ち上げの両方について、早急かつ適切な資金調達の必要に迫られている。

以前はメインバンクからの借入に頼っていたが、今は資金調達の選択肢も増えている。具体的には、増資、借入、社債、転換社債などの選択肢があり、役員会からは最も適した調達方法を選び、その理由も説明するよう指示が出ている。どのような資金調達計画を作成したらよいか？

A 既存事業、新規事業とも、増資によって資金調達する

B 既存事業、新規事業とも、借入か社債の発行によって資金調達する

C 既存事業は借入か社債、新規事業は増資か転換社債によって資金調達する

D 両事業とも、自己資金でまかなえる範囲内で事業展開するよう進言する

Key Word

●増資 ●借入 ●社債 ●転換社債

資金調達方法の違いを整理しよう

日本経済新聞を見ていると、「A社が転換社債を発行」とか「B社がC社を割当先とする第三者割当増資を実施」などの記事をよく目にしますね。最近は、一般紙やテレビニュースでも取り上げられることが珍しくありません。

2005年春のニッポン放送株を巡るフジテレビとライブドアの争奪戦では、転換社債と第三者割当増資の二つがニュースに登場しています。

ライブドアは800億円の取得資金を調達するため、リーマン・ブラザーズ証券に**転換社債**※（**CB**）を発行しました。一方、ニッポン放送はライブドアの持ち株比率を下げようと試みます。結果的には実現しませんでしたが、フジテレビを割当先とする新株予約権の発行という巨額増資でした。

■四つの資金調達方法

企業の事業拡大や再建には資金が必要です。ここでは資金調達の代表的な方法として、増資、借入、社債、転換社債の四つを取り上げて説明します。

増資は新規の株式を発行して資金調達を行うことです。発行した新株の割当先によって、**株主割当増資**※、**第三者割当増資**※、**公募増資**※の三つに分かれます。返済義務はありませんが、配当を支払うことになります。

借入はメインバンクなどの金融機関から事業資金を融資してもらうことです。一般的に短期借入金は日々の運転資金に使われ、長期借入金が長期的な事業・設備投資に使われます。金融機関からの借金ですから、元本＋一定利率の金利分を返済する義務があります。

社債は会社の債券発行を通して資金調達することで、国債の会社版です。借入と同様、元本＋一定利率の金利分を返済しなければなりません。金利の自由化によって以前より発行しやすくなったため、１９９０年代以降、発行額が増え続けています。

転換社債（ＣＢ）は、決められた期間内に一定の条件で、発行した会社の株式に転換できる権利がついた社債を発行し、資金調達することです。転換されない場合は一定利率の金利を支払い、株式に転換されると、配当を支払います。つまり、社債と株式（増資）の中間に位置する資金調達方法です。

既存事業の拡張と新規事業立ち上げに適した資金調達方法は、四つのうちのどれだと思いますか？

最近の資金調達事例

借入

●06年５月

イー・アクセスの子会社のイー・モバイルが、携帯電話事業に必要な資金として3600億円を調達。2200億円は金融金融機関から借り入れ、さらにイー・アクセスなどが第三者割当増資を引き受ける。

公募増資

●06年２月

全日空は新型航空機の購入代金にあてるため、一般投資家向けの公募増資を実施。約1000億円を調達。

第三者割当増資

●07年11月

新生銀行の資本基盤強化を目的に、同行の大株主である米投資ファンドのＪＣフラワーズが、発行済み株式数の22.7％を上限とするＴＯＢを実施。そのうえで、ＪＣフラワーズが500億円の第三者割当増資を引き受ける。国に代わって筆頭株主に。

転換社債

●07年12月

アッカ・ネットワークスが初のＣＢを近々発行して約100億円を調達する。次世代無線通信サービス「WiMAX」参入時の大型設備投資に備えるため。

コンサル的 Suggestion

既存事業と新規事業とでは リスクとリターンが異なる 事業の性格に適した 資金調達方法を選択すべき！

一般的には、既存事業の拡張と新規事業の立ち上げは、異なる事業投資に分類されます。四つの資金調達方法にも一長一短があり、事業の性格に見合った方法選びが求められます。

■事業の性格を理解する

会社の看板事業とも言える既存事業の拡張と新規事業の立ち上げとでは、事業の性格が全く異なります。

看板事業の拡張は、企業業績や企業価値に直結するビジネス戦略です。経営陣はしたがって、成功確率が高いと踏んで資金投資の決定を下したに違いありません。自社における鉄板事業（52ページ参照）の一つですから、事業拡張の結果、手にするキャッシュの量は確実に増えるでしょう。ただし、事業そのものの成長性は低いと見積もるのが普通です。投資した資金が10数倍の収益を生むとは思えません。ローリスク・ローリターンの事業投資と言えます。

新規事業の立ち上げは、将来の収益源確保や事業展開を見越したビジネス戦略です。経営陣はしたがって、成功確率は低いが成長性は高いと踏んでの意思決定と思われます。失敗すれば、投資資金を回収できないかもしれません。ハイリスク・ハイリターンの事業投資と言えるのです。

■資金調達方法の一長一短

増資、借入、社債、転換社債という四つの資金調達方法も、それぞれ一長一短があります。

借入と社債は、元本＋金利分の返済が必須条件です。反面、金利は一定（現在はとくに低金利）なので、返済額が予想以上に膨らむことはありえません。

次に増資（新株発行）ですが、これには返済の義務がありません。割当先や投資家の自己責任だからです。が、配当を支払う必要があります。**配当性向**※が高まっている現在では、結果的に金利よりも高い利回りになるかもしれません。また、企業業績や収益力が上がれば、それに応じて高い配当を返すのが道理。増資した時点では、将来の支払い予測が立たないのです。

「潜在的株式」とも呼ばれる転換社債は、株式と社債の中間的な資金調達方法です。社債のときには返済義務が発生し、株式に転換されたときには配当支払いの必要が生じるからです。

既存事業の拡張はローリスク・ローリターン投資ですから、基本的には借入か社債が適しています。そしてハイリスク・ハイリターン投資の新規事業には、手持ちの自己資金で行うのが理想的ですが、一般的には返済義務の伴わない増資も適しています。仮にどちらかがミドルリスク・ミドルリターンの事業投資なら、原則的には転換社債が適していることになります。

事業内容に応じた資金調達法の違い

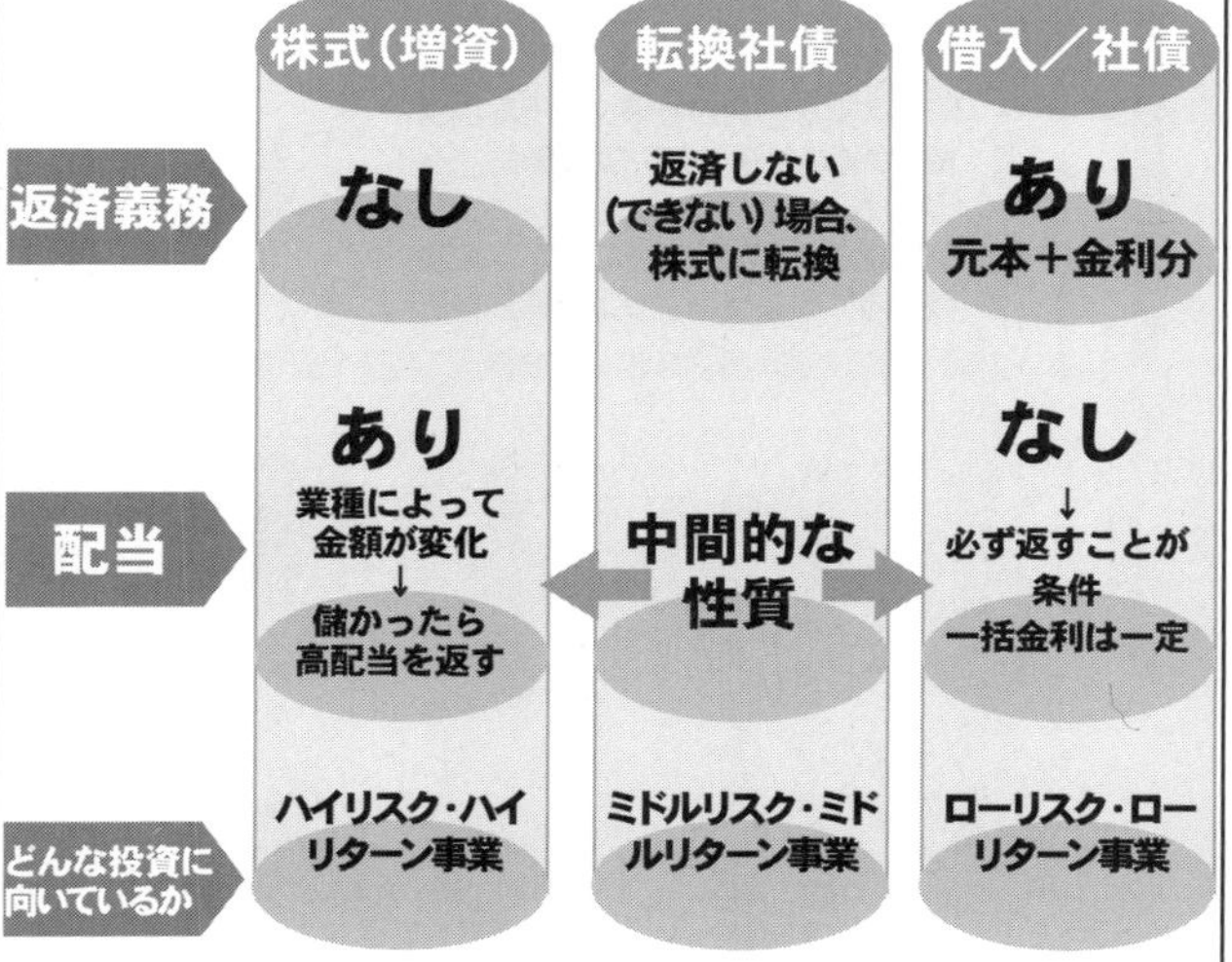
株式（増資）
転換社債
借入／社債
返済義務
なし
返済しない
（できない）場合、
株式に転換
あり
元本＋金利分
配当
あり
業種によって
金額が変化
↓
儲かったら
高配当を返す
中間的な
性質
なし
↓
必ず返すことが
条件
一括金利は一定
どんな投資に
向いているか
ハイリスク・ハイ
リターン事業
ミドルリスク・ミド
ルリターン事業
ローリスク・ロー
リターン事業

正解

C

A 既存事業、新規事業とも、増資によって資金調達する ……△

B 既存事業、新規事業とも、借入か社債の発行によって資金調達する ……△

C 既存事業は借入か社債、新規事業は増資か転換社債によって資金調達する ……○

D 両事業とも、自己資金でまかなえる範囲内で事業展開するよう進言する ……×

解説

Aの「既存事業、新規事業とも、増資によって資金調達する」は△です。基本的には、事業投資のリスクとリターンに合った資金調達方法とは言えません。しかし、すでに十分な配当を行っていて、高い配当負担の心配がない。既存事業の拡張がリスキーな場合であれば、増資も正解になるからです。

Bの「既存事業、新規事業とも、借入か社債の発行によって資金調達する」も△です。一般的には正解とは言えません。しかし、新規事業の中にも少額投資で済むトライアル的な事業や、ローリスク案件がないとは言えず、借入か社債の発行で十分なケースがあるからです。

C の「既存事業は借入か社債、新規事業は増資か転換社債によって資金調達する」が正解です。成功確率が高く、確実にキャッシュを得られる既存事業では、返済額が固定された資金調達。ハイリスク、もしくはミドルリスクの新規事業では、返済義務のない増資か転換社債が適しているからです。

D の「両事業とも、自己資金でまかなえる範囲内で事業展開するよう進言する」は不正解です。一部上場企業とはいえ、手持ちの自己資金は限られています。適切な資金調達を避けたがために、企業価値の増大に必要な投資機会や成長機会を見逃すのは、本末転倒だからです。

用語

転換社債（CB＝Convertible Bond）

02年4月に商法が改正され、正確には「転換社債型新株予約権付社債」と言う。

株主割当増資

増資する際に、新株引受権を株主に割り当てて発行すること

第三者割当増資

新株や転換社債を取引先や発行会社と関係のある特定の者に発行すること

公募増資

広く不特定多数を対象として株主を募集し、新株を発行すること

配当性向

会社が税引後利益である当期純利益のうち、どれだけを配当金の支払いに向けたかを示す指標。株主重視や海外投資家の増加などにより、日本企業の配当性向は高まる傾向にある。配当性向は、1株当たり配当額を1株当たり当期純利益で除して求められる。

Chapter1. 経営戦略系

例題⑥

ベンチャー投資

よくあるSituation

**次の柱の新キャラクターを育てたい。
複数キャラに予算をどう配分するか？**

問題 キャラクター・コンテンツ開発会社のマーケティング部長。現在、新しいキャラクターを立ち上げる企画が5本同時に走っている。各キャラの担当者からは「これを次の柱に」と、CMや番組タイアップ、雑誌広告などの大規模キャンペーンと、大幅な体制強化を要求されている。

とはいえ、実際にどのキャラクターが成功するのかはまったくの未知数であり、マーケティング予算や人件費も限られている。一体どのような考え方の下、各チームをサポートしたらよいか？

A 各担当者の熱意に応えるため、すべてのリクエストを実現する

B 市場で認知されるだけの、最低限のマーケティング対応に止める

C 発売後の売れ行きを見ながら、好調なキャラに集中投資する

D 発売後の売れ行きを見ながら、売れていないキャラを集中的にテコ入れする

Key Word ! ●ヒットエコノミー ●ベンチャーキャピタル

セカチュー大ヒットのきっかけ

キャラクターの世界と同じことが、本の世界にも当てはまります。

みなさんは1年間に新刊がどのくらい出版されていると思いますか？

出版科学研究所の調べによると、※**2004年の新刊点数**は7万4587点でした。毎日、およそ200点もの新刊本が出版されたわけです。しかし、みなさんの記憶に残っている本の数は、おそらく一日当たりの出版点数よりも少ないでしょう。

少数の大ヒットした作品が生まれる一方、ブレイクしない新刊本が無数に存在しているのです。もちろん、新刊本と一口に言っても千差万別です。最初からマスを狙わない専門書もあり、部数だけがすべてではありません。

ちなみに、04年のミリオンセラーは、芥川賞を受賞した『蛇にピアス』『蹴りたい背中』、純愛ブームを作った『世界の中心で、愛をさけぶ』『冬のソナタ』『いま、会いにゆきます』などの7作品でした。

この中から、セカチューこと『世界の中心で、愛をさけぶ』（片山恭一著・小学館）が大ヒットするまでの経緯を紹介します。

■人気女優が泣きながら読んだ

キッカケは02年4月、女優の柴咲コウが雑誌に寄せた書評コメントでした。

「泣きながら一気に読みました。私もこれからこんな恋愛をしてみたいなって思いました」

セカチューの発行は、その1年前の4月。発行部数は8000部でした。ポテンシャルを感じていたのは出版社の新入営業社員だけで、発売当初の売れ行きはもう一つ。が、営業社員の熱心な売り込み、一部の書店販売員たちの手書きのPOPにより、口コミでの評判が少しずつ広がっていました。

そこに柴咲コウのコメントが登場。出版社は彼女のコメントを本の帯コピーに採用し、03年にブレイクする準備が整えられたのです。

11月にはミリオンセラー、映画化された04年5月には251万部を発行。村上春樹の『ノルウェイの森』が持っていた国内小説の発行部数記録を塗り替えました。セカチューはマンガ、TVドラマ、ラジオドラマ化に続き、05年夏には舞台化されました。

『世界の中心で、愛を叫ぶ』発行部数の推移

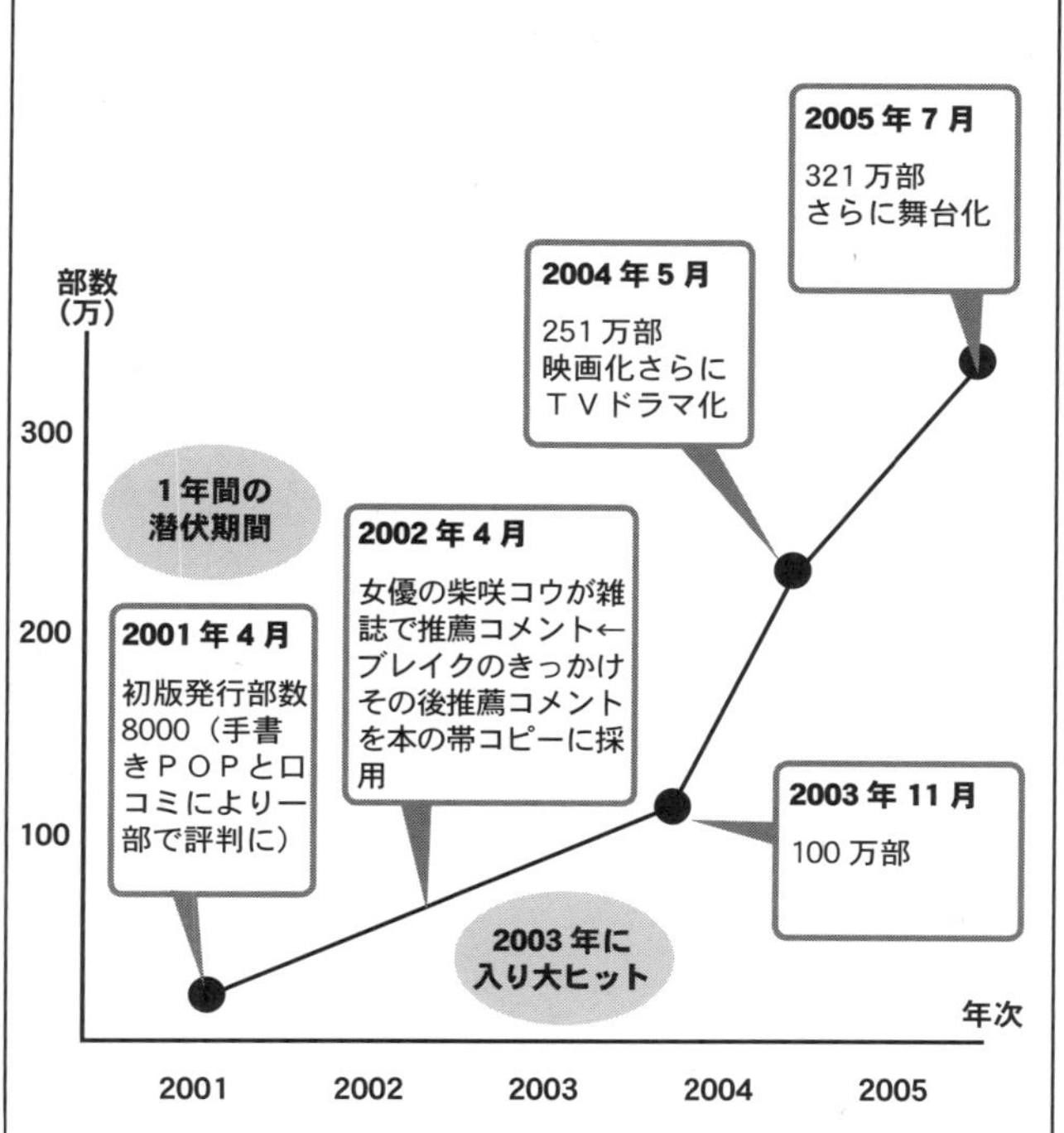
部数（万）
300
200
100
1年間の潜伏期間
2001年4月
初版発行部数8000（手書きＰＯＰと口コミにより一部で評判に）
2002年4月
女優の柴咲コウが雑誌で推薦コメント←ブレイクのきっかけ
その後推薦コメントを本の帯コピーに採用
2003年に入り大ヒット
2003年11月
100万部
2004年5月
251万部
映画化さらにＴＶドラマ化
2005年7月
321万部
さらに舞台化
年次
2001
2002
2003
2004
2005

コンサル的 Suggestion

全キャラのサポートは無意味でヒットの事前予測も不可能売れ行きを見ながら大化けするキャラに集中投資！

新キャラクターの開発では、成功確率は極めて低いがリターンは大きいというヒットエコノミーの発想をすることです。キャラの大化けに必要な投資スタンスを選んでください。

新キャラクターや本、音楽（ＣＤ）、新作映画、新人芸人・タレントは、すべて事前のヒット予測ができません。食品や飲料品の新商品もそうです。

市場にまったく同じものが存在しないほか、スペックや性能、音楽性・タレント性が高いからと言って、売れるとは限りません。

一般消費者のきまぐれな趣味嗜好にマッチし、ヒットするかどうかは、〝運〟しだいなのです。芸能界でよく「運も実力のうち」と言われるのは、そのためです。

が、当たったときのリターンは大きい。だからこそ、吉本興業は常に大勢の若手お笑い芸人を抱え、音楽会社は毎年たくさんの新人アーティストをデビューさせるのです。

このビジネスモデルをヒットエコノミーと言います。

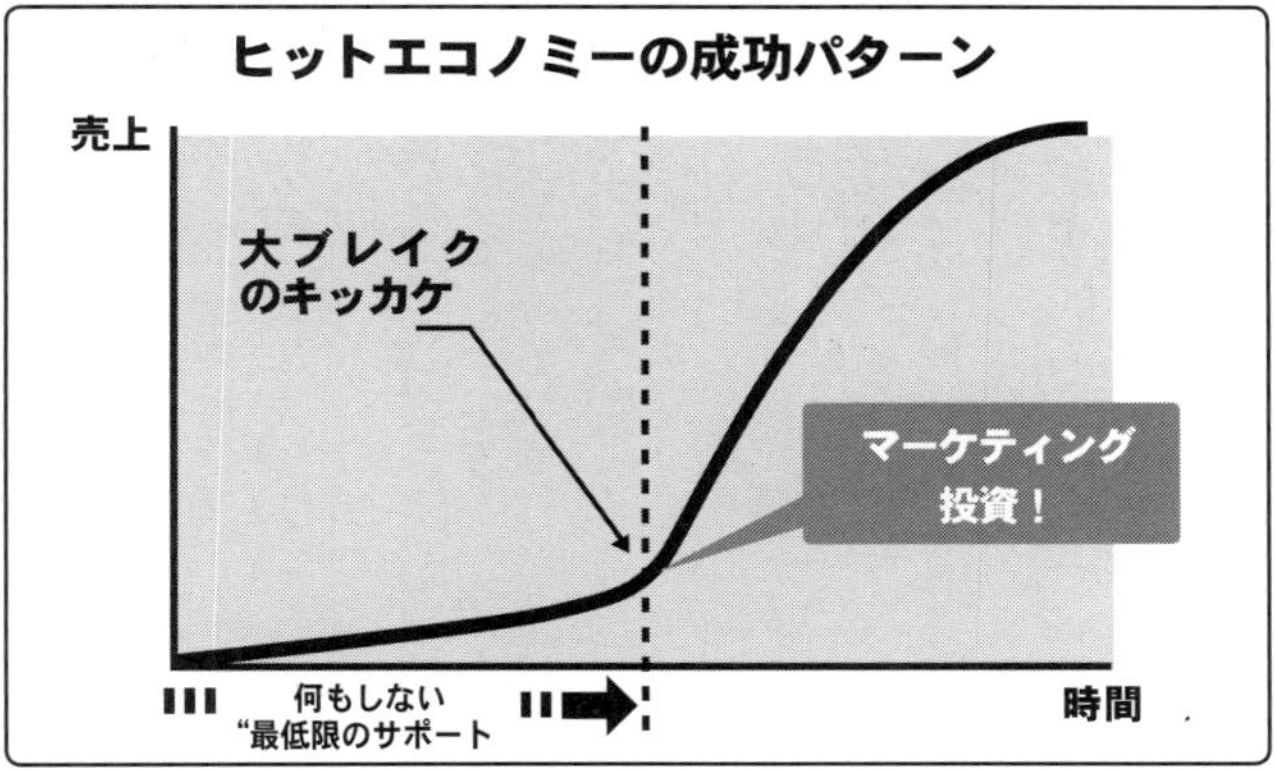

■ベンチャー型の投資スタンス

ヒットエコノミーでは、成功確率は10分の1以下と見積もるのが常識。「数撃てばどれか当たる」という発想ですから、一件当たりの投資金額は少なくなります。その代わり、成功した場合のリターンが20倍～100倍でなければ、ビジネスとして成立しません。

10％の成功確率で10件に投資し、うち1件が投資金額の20倍の収益を生んで、十分ペイできる。つまり、ヒットエコノミーに対する投資は、大穴狙いのベンチャー型投資なのです。

その対極が、既存事業の拡大など、成功確率の高い一般的な事業投資です。こちらは本命狙いの手堅い投資ですから、一件当たりの投資金額も大きくなります。成功時に1・5倍程度の収益が上がれば、十分に元が取れます。

案件の性質によって、投資金額や投資スタンスが異なるのは当たり前。新キャラクター開発担当のマーケティング部長には、**ベンチャーキャピタル**※的な投資スタンスが求められるのです。

■ヒットエコノミーの成功パターン

新キャラの育成には、適切なタイミングでの効果的なサポート（投資）が必要です。問題編で紹介したセカチューの大ヒットも、ヒットエコノミーの成功パターンにのっとっているのです。

新人営業社員が熱心な売り込みをかけていたとき、出版社の特別な宣伝・販促活動はほぼゼロだったと思われます。それでも、口コミでの評判が徐々に広まっていました。ここにヒットの芽があったのです。

柴咲コウの推薦コメントを機に、「大化けするかも」と踏んだ時点で、帯コピーへの採用を決めます。１００万部突破後も、映画化やＴＶドラマ化と話題性十分の仕掛けを実行。ヒットの芽を開花させることに成功したのです。

投資には2パターン

	一般的な事業	ベンチャー型
成功確率	80% ＝80％の確率で“確実に”成功することが不可欠	10% ＝10の投資案件のうち、1つ成功すればOK
成功した時の収穫“大化け”度	1.5倍	20倍
期待収益度	120% ↓ 1件当たりの投資金額㊅	200% ↓ 1件当たりの投資金額㊉

正解

C

A 各担当者の熱意に応えるため、すべてのリクエストを実現する ……×

B 市場で認知されるだけの、最低限のマーケティング対応に止める ……△

C 発売後の売れ行きを見ながら、好調なキャラに集中投資する ……○

D 発売後の売れ行きを見ながら、売れていないキャラを集中的にテコ入れする ……×

解説

Aの「各担当者の熱意に応えるため、すべてのリクエストを実現する」は間違いです。ヒットエコノミーの投資スタンスに反するほか、五つのキャラクターに多額の投資をしても、当たるかどうかは運しだい。まずは最低限のマーケティング投資で様子見すべきです。

Bの「市場で認知されるだけの、最低限のマーケティング対応に止める」は△です。初期の対応としては正しいのですが、大化けさせるための対応が欠けているからです。せっかくの大ヒットの芽を摘んでしまうのは、もったいない話です。

Cの「発売後の売れ行きを見ながら、好調なキャラに集中投資する」が正解です。ヒットの下地がある好調なキャラに集中投資することでしか、数十倍の収益を生む人気キャラクターは誕生しないからです。

Dの「発売後の売れ行きを見ながら、売れていないキャラを集中的にテコ入れする」も間違いです。成功確率の高い一般的な事業投資と違い、テコ入れしても、「売れないものは売れない」からです。限られたマーケティング予算と人件費を注ぎ込む意味がありません。Aと同様、ムダ金です。

用語

2004年の新刊点数

7万4587点は前年比2・7％増。推定販売部数は7億4915万冊（前年比4・7％増）で8年ぶりに前年を上回った。1点当たりの販売部数は約1万部となる。書籍全体の販売金額は4・1％増の9429億円。2006年の新刊点数は7万7722点だった。いずれも出版科学研究所調べによる。

ベンチャーキャピタル

ベンチャー企業に資金提供する機関のこと。独自の基準で将来性を評価し、株式取得などを通じて主に資金面での事業拡大をサポートする。投資先企業がIPO（株式公開）する確率は低いが、上場した際には、多額のキャピタルゲイン（値上がり益）を得るビジネスモデルである。

Chapter1. 経営戦略系

例題⑦
モチベーション向上

よくあるSituation

再生請負人として改革案発表の日が。どんなプレゼン姿勢で臨むべきか？

問題

数カ月前、業績が悪化している子会社に再生請負人として乗り込んだ。社内のコア人材(職場のリーダー・リーダー候補)や経営コンサルタントと共に、苦労しながら業務改善計画を構築し、いよいよ発表する段階を迎えた。

大胆なテコ入れが必要なため、当然、ある事業からの撤退、早期退職制度の導入など、社員にとって刺激の強い内容も含まれている。社員たちはこの間、どう会社が変わっていくのかを、期待と不安を胸に見守ってきた。再生請負人としてどのように再生計画を発表したらよいか?

A 再生請負人である以上、断固として改善計画を推進する強い態度でプレゼンする

B 社員の動揺を抑えるため、ネガティブな内容にはできるだけ触れない

C 人事評価制度改定による給与アップなど、興味を惹く内容にフォーカスする

D 再生に向けたストーリーを書き、その流れに沿って施策を説明する

Key Word

- ストーリー
- 人を動かすコミュニケーション

モチベーション向上は命令できない

「モチベーションは命令できない。『高めろ』と言っても全く意味がない」。日産自動車CEO兼ルノーCEOのカルロス・ゴーン氏は、『日経ビジネス』2005年4月4日号のインタビューで、こう断言しています。

モチベーションは自発的な動機づけなくして向上しません。本来、他人に強制されるものではないのです。

1999年、日産の再建に着手したゴーン氏は、人員削減や工場閉鎖をはじめ、部品メーカーとの関係見直し（系列解消・調達コストの削減）を相次いで実行しました。どれも痛みを伴う**ネガティブな内容**※でしたが、彼の決断が鈍ることはありませんでした。

と同時に、「社員のモチベーションをどうしたら高められるか」を常に考えて行動していたと言います。会社の合理化と社員のモチベーション向上は、矛盾しがちです。並みの経営者はどちらか一方に偏りますが、優れた経営者はあくまで両立を目指します。それが強い会社・組織の条件であり、リーダーの役割だと認識しているのです。

■ビジョンを立て社員に伝える

モチベーションを高めろと命令しても効果はありませんが、方法によっては可能です。人には働く意味や意義が大切です。社員のほとんどは経営に参加し、会社ひいては社会に貢献したい、認められたいと思っています。

そう考えているからこそ、「正当に評価されない」「必要とされていない」「会社の方向性や合理化の目的が理解できない」と感じたとき、モチベーションが急激に低下してしまうのです。

ゴーン氏は会社のビジョンと個人の関連づけを明確にしました。「初年度から黒字化する」などのシンプルなビジョンと目的地を示し、その目的達成が個々の社員にとってどんなメリットがあるのかを明示したのです。

経営コンサルティング会社のボストン・コンサルティング・グループ（ＢＣＧ）は、コミュニケーションの目指すレベルを段階的に設定しています。

最低限の「聞いてもらえる」に始まり、「理解してもらえる」と「憶えてもらえる」を経て、「共感・納得してもらえる」が最終レベルです。

刺激的な内容を含む再生計画プレゼンでは、社員に向けて何を語り、どんなコミュニケーションを目指すべきだと思いますか？

人を動かすコミュニケーションのレベル

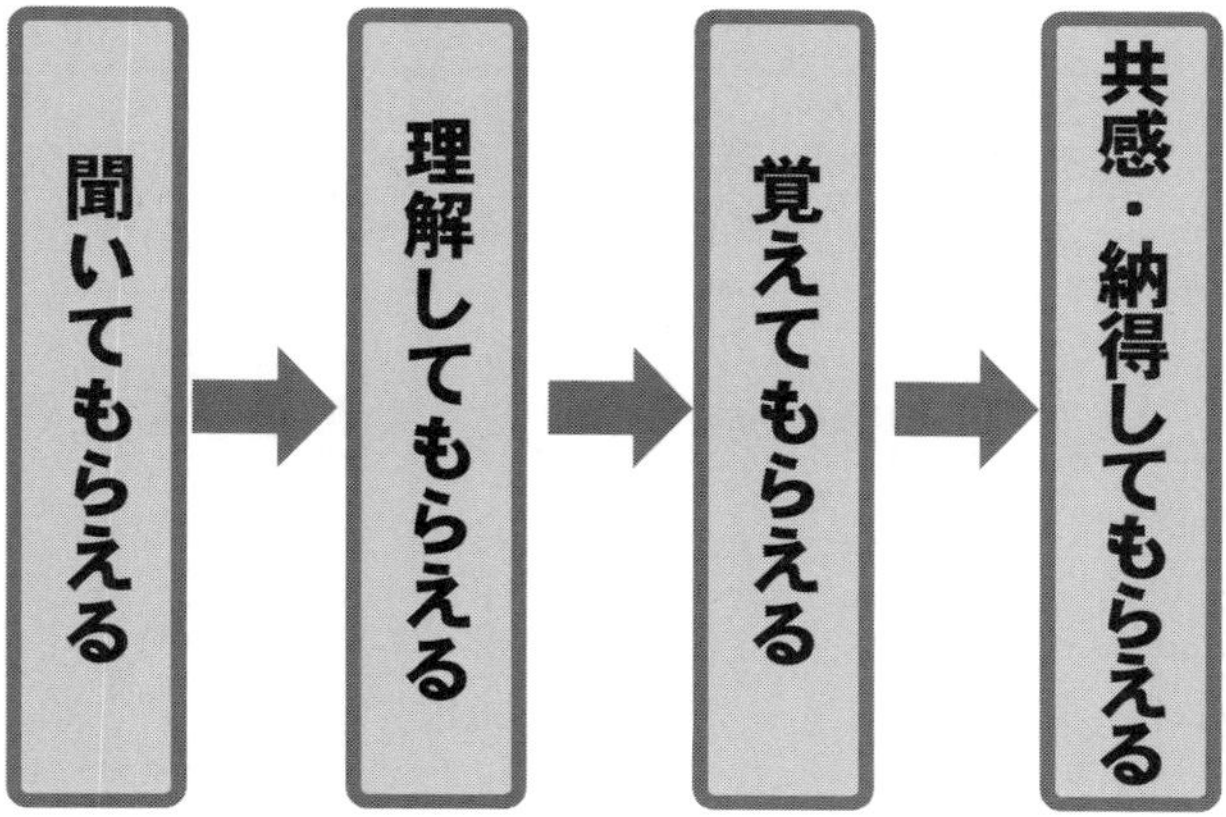

コンサル的 Suggestion

情報隠しは不信感を招き威圧は社員の抵抗を呼ぶ ストーリーありの再生計画でモチベーションの向上を！

社員は再生したいと考えています。ビジョンに共感し、納得できる目標が具体化されたストーリーに対しては、前向きに受け入れる素地があるのです。ご機嫌取りや威圧は逆効果です。

苦労しながら作り上げた業務改善計画は、社員に実行してもらい、子会社再生という結果を出さなければ意味がありません。そのためには、「共感・納得を呼び、人を動かすレベルのコミュニケーション」が必要になります。

経営コンサルティングも同じ。優れた戦略を提言するだけではダメで、顧客の「腹に落ちる」まで伝わらないと、実際の結果にはつながらないのです。

私が所属したBCGでは、〝プレゼンテーションはドラマだ〟と言われています。資料や提案内容の説明に終始するなどもってのほか。自信と熱意をもって訴えるからこそ、提案実行の重要性が相手の腹に落ちるのです。

人間は感情的な生き物です。ただでさえ、これまでのやり方を変えることには抵抗を感じます。

企業再生のようにネガティブな内容が含まれる場合は、なおさら**抵抗勢力**※になるものです。

■大切なのはストーリー

改革・合理化の必然性と社員のモチベーション向上をいかに両立するか。カルロス・ゴーン氏は、〝ストーリーを作り出すことが大切だ〟と日経ビジネスのインタビューで語っています。また、ストーリーを作るだけではダメで、理解されなければ意味がないとも。

表現は違えど、ＢＣＧとゴーン氏の言わんとすることは一致しています。ドラマティックなストーリーが人を動かすのは、ビジネス界でも真理なのです。

ストーリーを語る際に重要なのは、ダイナミックでわかりやすいビジョンと明確な目的地を同時に示すことです。社員がそのビジョンに共感し、共通の目的地にたどり着きたいと思えるストーリーをプレゼンできれば、社員のモチベーションは自然と高まります。

目的地にたどり着くまでの間には、ゴーン氏の「初年度から黒字化する」といった当面の目標（121ページ参照）を設定します。目標を達成することで、社員は改善計画の正しさと目的地に近づいていることを実感し、よりモチベーションが高まるからです。

目標未達成の責任は再生請負人が負うべきなのは、言うまでもありません。ゴーン氏は「辞任」を公約し、社員の信頼を得ました。

■ネガティブな内容も隠さない

人を惹きつけるストーリーは山あり谷ありが普通ですから、ネガティブな内容を避けることはありません。そのうえで、「障害を乗り越える度にハッピーな目的地に近づいていく」と約束できればよいのです。

プレゼンの場では一切触れず、あと出しで早期退職の実施などを一方的に通達するのは誤りです。「結果としてウソをついた」再生請負人への信用は地に堕ち、二度と回復しないでしょう。

ストーリー性の有無

ストーリーなし

側面だけ捉えてネガティブな反応を起こす

ストーリーあり

会社は3年後に復活し、売上目標200億円、利益目標は30億円

そのためには、強い事業部に投資し、収穫改善の見込めない事業からの撤退が不可欠

よってA・B事業は体制強化し、待遇も改善する

一方でC・D事業部は撤退または売却し早期退職などを行うことは避けられない

将来当社が復活する戦略はこれしかないので、協力してほしい

正解

D

A	再生請負人である以上、断固として改善計画を推進する強い態度でプレゼンする	……×
B	社員の動揺を抑えるため、ネガティブな内容にはできるだけ触れない	……×
C	人事評価制度改定による給与アップなど、興味を惹く内容にフォーカスする	……×
D	再生に向けたストーリーを書き、その流れに沿って施策を説明する	……○

解説

Aの「再生請負人である以上、断固として改善計画を推進する強い態度でプレゼンする」は不正解です。正解のように思うかもしれませんが、まだ「敵かもしれない」と疑われている段階で、社員を威圧してはなりません。かえってモチベーションを低下させ、抵抗の呼び水となってしまうからです。

Bの「社員の動揺を抑えるため、ネガティブな内容にはできるだけ触れない」も不正解です。理由はどうあれ、いずれネガティブな内容を示すことになるので、本当のことは言わない人だと思われるのがオチだからです。

Cの「人事評価制度改定による給与アップ

など、興味を惹く内容にフォーカスする」も不正解です。「メリットだけを強調する調子のいいヤツ」と思われるだけだからです。**B**と同様、社員の信用を失います。

Dの「再生に向けたストーリーを書き、その流れに沿って施策を説明する」が正解です。89ページ図表のようなストーリーつきのプレゼンを行い、再生への協力をお願いしましょう。その際に、人をつき動かすほどの熱意が必要なのは言うまでもありません。

用語

ネガティブな内容

ネガティブな改革を断行する一方で、研究開発費の大幅増額や過度な経費節減の中止、のちに「ゴーンチルドレン」と呼ばれる若手人材の抜擢・登用を実行した。

抵抗勢力

ＢＣＧは社内の典型的な抵抗勢力を五つの「チェンジモンスター」に分類している。

①タテ割り組織の壁を重視する怪物タコツボドン
②社内の論理だけを優先する怪物ウチムキング
③前例がないが口グセの怪物ノラクラ
④過去の成功体験や経緯を引きずる怪物カコボウレイ
⑤できない理由を並べるのが得意の怪物カイケツゼロ

の五つである。

Chapter 1. 経営戦略系

例題⑧

人材獲得

よくあるSituation

最後に面接した人材が好印象。このまま彼を採用してよいものか？

問題

中堅社員のあなたは秋の人事異動で、人事部の中途採用担当者に抜擢された。各部門が必要とする人材スペックを理解し、相手の能力ややる気を評価する方法を学び、いよいよ本番。営業部から依頼のあった課長の中途採用を行っている。

会社は今後も中途採用を増やす方針であるため、最初はとくにベストな人材を採用したい。5人面接したが、最後に面接した人材に好印象を受けた。自分の感覚を信じ、このまま彼に決めてしまってよいものか？

A 最も好印象だった人材を採用する

B 主観が入り込まないよう、点数換算して決める

C 最初と最後に面接した人材は、対象から外す

D 2人目以降に面接した人材の評価を補正する

Key Word

●最初効果と最後効果

人材獲得・選抜の重要性が増す

人材獲得・選抜の戦略的重要性が増しています。

企業の採用意欲は2004年頃を境に増加に転じ、05年に入っても**採用増の傾向**※が続いています。業績好調な自動車業界を筆頭に、勝ち組電機メーカーや不良債権処理のメドをつけた銀行・証券等の金融機関、さらには不動産業界やサービス業、成長ベンチャーの採用意欲は、新卒・中途とも旺盛です。

バブル期の大量採用と崩壊後の極端な採用抑制、相次ぐ人員リストラの結果、社内の人口ピラミッドはいびつな形を見せています。しかも、07年からは団塊世代が大量定年を迎える「**2007年問題**※」が控えています。

ビジネスの機会損失を防ぎ、攻めの経営を実行するためにも、人材獲得は喫緊の経営課題と言えるのです。

積水ハウスは、営業人員の増強が盛り込まれた04年10月に発表したグループの中期経営ビジョンに基づき、04年に592人、05年には786人もの新卒を採用しました。同社は優秀な営業職確保のため、中途と新卒女性営業社員採用の拡大を採用戦略の中心に据えています。

■管理職登用が早まる

05年3月、社会経済生産性本部は、日本的人事制度の変容に関する調査結果（有効回答数：上場企業253社）を発表しました。前回の調査は00年に行われ、5年前より管理職への登用年齢が、上場企業でも早まっていることが判明しました。

調査結果によると、現時点における平均標準登用年齢が37・8歳、第一次選抜年齢は34・1歳でした。00年調査の時点では、登用年齢が38・4歳、第一次選抜は37・1歳でしたから、登用年齢で1～2歳、第一次選抜では3歳も若返ったことになります。

すでに第一次選抜は、バブル入社組（98年～02年）よりも若い世代から始まっています。また、2007年問題の渦中にある3～5年後の予想では、標準登用年齢36・5歳、第一次選抜32・9歳。さらに1歳程度早まるとしているのです。

自社の経営戦略に基づき、どんな人材をどれだけ、どうやって獲得するのか。管理職登用が早まるなかで、獲得した人材の社内選抜をいかに行うべきか。人事部門の重要性が叫ばれる今、面接採用にもコンサルスキルが必要なのです。

管理職への登用年齢

	2000年	2005年
第一次選抜年齢	37.1歳	34.1歳
平均標準登用年齢	38.4歳	37.8歳

コンサル的 Suggestion

面接では最初と最後の人に対する評価が甘くなりがち！正しい補正を行い最適な人材を採用しよう

採用面接では、最初と最後の人の評価が高くなる傾向があります。だからといって、選考対象から外すのは早計。公平性を保ちつつ、最適な人材を採用する方法を考えることです。

■最初効果と最後効果

別の場で何度も同じ経験をしていないでしょうか？

例えば、会議が長時間におよんで、なかなかよいアイデアが出ないとき。最後に誰かが思いつきで発した一言が、「それ最高！」と賞賛され、アッという間に満場一致で採用されてしまう。冷静になって考えると、特段優れたアイデアではないにもかかわらずです。

アイデア会議では、参加者が事前に考えて持ち寄ったアイデアが、決まるまでにいくつも出されます。ところが、どれもなぜか「帯に短し、たすきに長し」と感じるものです。あるいは、最初に紹介されたアイデアが色濃く頭の中に残り、以降のものはそれと比較するため、どうしても「コレ

最初効果と最後効果

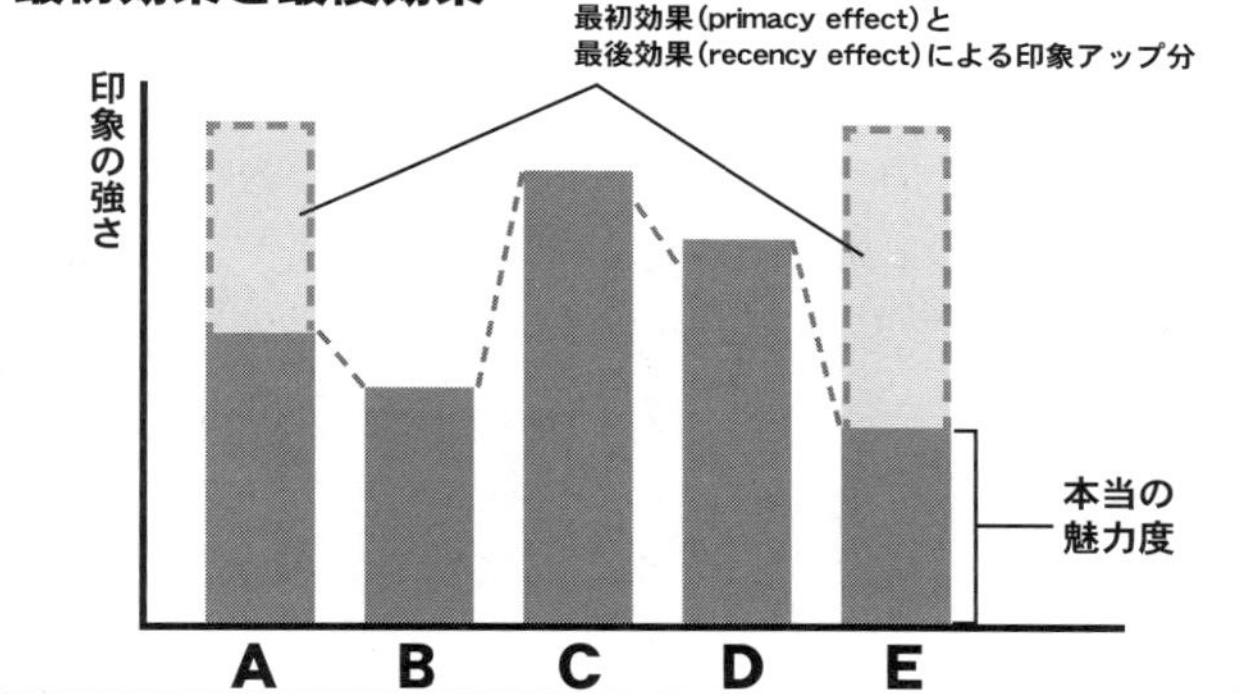

だ」という確信が持ちにくくなるのです。

堂々巡りを繰り返したあげく、「やっぱり最初のがよかった」となるか、「最後のそれしかない」となるケースが意外に多いはずです。

採点競技やコンテスト、オーディションなども同様です。結局は最初と最後に登場した人が、優勝と準優勝だったりします。最初の人は新鮮な状態で審査できますし、似たようなタイプが続いて飽きたところに、「ちょっとタイプの違う」人が登場したりすると、点数が跳ね上がりやすいからです。

つまり、最初と最後の印象はほかより断然強い。意思決定の世界では、この傾向を最初効果(primacy effect)と最後効果(recency effect)と呼びます。人間が**無意識**※**のうちに陥るワナ**ですから、意識的に補正しないかぎり、適切な意思決定ができません。

■項目別の横比較で補正する

面接の順番に影響される印象の強弱を補正するためには、評価を記録に残すことが必要です。そして全員の面接が終わった時点で、5人分の評価を見比べ、最初と最後の人材が他の3人よりも必要以上に過大評価されていないかをチェックしなければなりません。

過大評価ばかりでなく、過小評価される可能性があることも忘れてはいけません。最初の人の点数を抑えたり、最後は真剣に評価するため辛い点数がつく場合があるからです。

問題の中途採用面接では、5番目の人材に強い最後効果が働いている可能性が高いと思われます。このまま彼に決めるのは避け、少し頭を冷やしてからの評価補正が必須です。

評価補正の方法としては、項目別に評価したうえで、横比較すべきです。営業マネジャー経験、業務遂行力、人格といった各項目の点数を比べ、1番目と5番目の点数が高い（低い）場合、採点調整を行い、優秀な人材を選び直すのが適切な意思決定プロセスです。

横比較

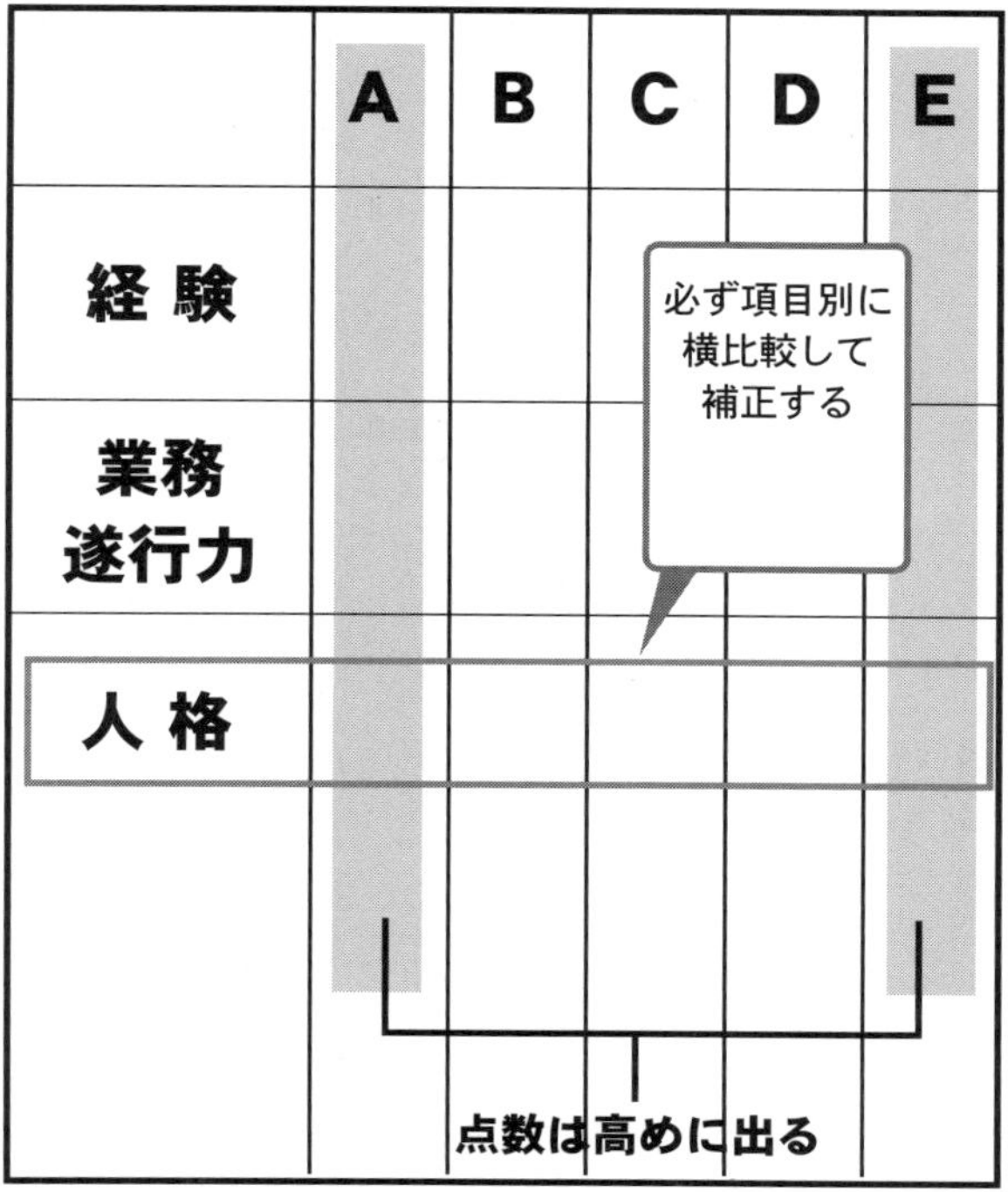
A
B
C
D
E
経験
業務遂行力
人格
必ず項目別に横比較して補正する
点数は高めに出る

正解

なし

A 最も好印象だった人材を採用する ……×

B 主観が入り込まないよう、点数換算して決める ……△

C 最初と最後に面接した人材は、対象から外す ……×

D ２人目以降に面接した人材の評価を補正する ……×

解説

Aの「最も好印象だった人材を採用する」は不正解です。最初と最後効果の検証と評価補正をせず、誤った感覚で採用することになるからです。

Bの「主観が入り込まないよう、点数換算して決める」は△です。客観的に評価しようと点数計算して決める姿勢は正しいのですが、それだけでは最初と最後の人材の点数が高くなるだけです。結果は変わらないからです。

Cの「最初と最後に面接した人材は、対象から外す」は不正解です。最初か最後の人材が補正後でも最適な可能性があるからです。最初効果と最後効果を意識するあまり、選考対象から外すのは極端すぎます。

Dの「2人目以降に面接した人材の評価を補正する」は×です。一般的に「最初の印象が強い」ことはよく知られているので、最初効果だけを意識したものですが、最後効果を忘れています。結局は最後の人の評価が高くなってしまうでしょう。

用語

採用増の傾向

日本経済新聞社の「2006年度採用計画調査1次集計」によれば、大卒採用予定数は今春実績の26・3%増で、3年連続増加している。「2007年度採用計画調査1次集計」では、新卒採用予定数がほぼ横ばいだったものの、中途採用予定数は大きく伸びた。

2007年問題

07年～10年にかけ、戦後の第一次ベビーブームに生まれた「団塊の世代」が定年を迎える。管理職層の大量退職が続くため、管理職への若手抜擢が進むほか、社内ナレッジの継承に支障をきたす、社内の人口ピラミッド構造の変化などが生じると予測されている。定年後の人材活用や年金支出の増加といった社会的な影響力も大きい。

無意識のうちに陥るワナ

全体の一部（代表事例）を見聞きしただけで、すべてがそうだと思い込んでしまう「代表例効果」。一度、ある強い偏見や好意を持つと、なんでも自分に都合よく解釈する「確認バイアス」。理由やロジックはないが変化を避けようとする「現状維持バイアス」。成功確率や準備不足を無視して最高の結果だけを考えてしまう「楽観バイアス」などのワナが無数にあるので、要注意。

COLUMN

何よりも、知的スタミナが必要

コンサルティング力にもっとも必要なもの。それは「スタミナ」です。

なんだか、気合と根性みたいな感じですが、実際、ビジネスの世界で結果を出すためには、正しい戦略を愚直に実行する粘りが必要。

つまりは、スタミナがなければどんなに素晴らしいビジネスプランでも成功しないのです。

そしてまた、成功確率が高いビジネス戦略を生み出すためにも、やっぱりスタミナが必要です。

こちらは「知的スタミナ」。とにかく集中力を持続させて考え抜く力がないと、ついつい表層的なアクションの寄せ集めのような戦略ができてしまいます。

例えば、成功している競合企業をマネしただけのような戦略と、何から何まで盛り込まれた膨大なアクション・プランのリスト……。悲しいことですが、よほど運がよくなければ、せっかくの努力も水の泡になってしまうでしょう。

それにしても、知的スタミナとは一体何なのでしょうか？

実はこれ自体はとてもシンプル。すなわち、「Why（なぜ)」をひたすら考え抜いて、そこから「So

what（だからどうするのか）」を引き出すことにほかなりません。

例えば、ライバル企業が成功しているのはなぜか？ライバル企業と異なる強みを持った自社が、彼らに伍するためには一体何をしたらよいのか。業界最大手と中堅企業の闘い方は自ずと変わってきますし、単なる思いつきや、成功企業の施策を単に模倣しただけでは、「根拠」が欠落しています。

社員が「これに賭けてみよう」と思えるだけの戦略には、絶対に根拠が必要。みんなが納得できて、全力で取り組める戦略やアクション・プランを作り上げるためには、こうした知的スタミナが不可欠なのです。

成功したビジネスマンや経営コンサルタントは、とにかくこの知的スタミナがずば抜けています。

もちろん、生まれ持ってその才能に恵まれた方もいますが、多くは仕事を通じて鍛えられたもの。

企業の中で会社の運命を左右するほどの意思決定を任されている部署では、当然最後の最後まで「本当にこれが正しいのか」と考え抜くことが求められます。

経営者にアドバイスする立場にある経営コンサルタントも同じような境遇を経験します。

強烈なプレッシャーの下で、じわじわと知的スタミナが養成されていく。そんな感じです。

Chapter2. 分析手法系

例題①

因果関係の抽出

よくあるSituation

経営企画部で業界分析の担当者に。役員をうならせる資料作成法は？

問題

経営企画部に配属され、これまでの営業マンから心機一転、新しい業務がスタートした。早速、役員向け勉強会資料の作成担当となり、業界分析のパートを受け持つことになった。

当然のことながら役員は経験豊富で、中途半端な資料では評価されないし、何より時間の無駄になってしまう。作成担当者の能力に疑問符がつくことも間違いない。一体どんな分析をすれば、役員にとって有益で企業の競争力を高められる資料を作成できるだろうか？

A 類似企業ごとにグループ化し、最近の動きを整理する

B 売上規模と利益率の関係をグラフ化し、相関関係を抽出する

C 各社のここ数年の取り組みを徹底的に調査し、詳細に羅列する

D 他社の成功事例からその要因を引き出し、自社への応用方法を考える

Key Word

●成功要因　●WhyとSo what

何のための業界分析か

経営企画部への配属は、将来の経営幹部を期待されているということです。所属部署の商品やサービスを販売する営業マンから、全社的な経営視点を持つビジネスマンに成長するチャンスと言えます。

ですが、役員の期待に応えられない場合は、経営幹部候補失格とみなされてしまうでしょう。社内、さらには社外からの転職者と代わりの候補がいくらでもいるからです。

役員に向けた業界分析資料の作成は、とても重要な仕事です。コンサルタントはよく「業界研究」や「事例研究」をさせられます。一人が気合いと根性で浮かぶ企画には限界があります。でも、研究分析資料を参考にすることで、自社の進むべき方向性が見えてくるものなのです。

■他社動向の羅列に終始!?

業界分析の重要性を認識したところで、さっそく情報収集を始めました。情報収集にあたっては、競合他社の有価証券報告書やＨＰ、新商品に関するニュースリリース、ほかにも**新聞記事**※のデータベース検索などを利用し、膨大な資料を入手することができました。

なお、ここでは携帯電話業界を取り上げますが、問題設定上と解答編では業界を特定していません。

膨大な情報の中からピックアップした作成資料の要旨は、左ページのとおりでした。財務諸表の分析比較は方法がよくわからないため、作成することができませんでした。

結果的に、携帯電話業界における市場動向、新商品情報とその商品特性、新聞記事の枠を出ない各社の戦略分析的な感想の羅列に終始していたのです。しかし、NTTドコモとａｕがシェアを伸ばし、ボーダフォンが減少していること。斜陽と言われたＰＨＳ市場で、WILLCOM（ウィルコム）が成長していることなどは単なる〝事実〟にすぎず、役員の評価に値しません。

業界分析資料の〝分析〟とは何を意味するのでしょうか。そして役員にとって有益かつ会社の成長を可能にする資料とはどんなものだと思いますか？

携帯電話・ＰＨＳ主要グループの動向

（2005 年 5 月末当時の内容）

■NTTドコモ

・加入者総計約 4925 万
・第 3 世代加入者約 1288 万
・05 年 5 月は 17 万 7500 人の純増

新 FOMA の「901iS」シリーズを開発。「おサイフケータイ」や「ＰＤＦファイル閲覧」を共通機能に、手ブレ補正機能付きなどの５機種を発売する。FOMA ユーザーの拡大が順調で、第３世代トップの au に対抗。

■au

・加入者総計約 1996 万
・第 3 世代加入者約 1849 万
・05 年 5 月は 18 万 1900 人の純増

夏モデルを発表。テレビチューナー内蔵、ＧＰＳ機能、楽曲検索機能付きなどの５機種を発売する。純増数ではＮＴＴドコモとしのぎを削る。中高年をターゲットにした“簡単ケータイ”の「W32K」も発売し、ユーザー拡大を狙う。

■ボーダフォン（現ソフトバンク）

・加入者総計約 1496 万
・第 3 世代加入者約 117 万
・05 年 5 月まで 5 カ月連続の純減

第３世代の出遅れが目立つ。今後、「メール定額」「デュアルパケット定額」「家族定額」の３つの定額サービスで勝負。

■WILLCOM

・加入者総計約 315 万
・05 年 4、 5 月と 6 万人を超える純増

ＮＴＴドコモのＰＨＳサービス終了などで残存利益を享受。「音声定額」に加え「データ通信定額」プランを実施する。

コンサル的 Suggestion

情報の羅列は分析ではない！ 各社の財務諸表を読み解き 成功企業の“なぜ”を抽出 “だからどうするのか”を提言する

業界情報の収集・羅列は、役員が求める分析資料ではありません。他社の成功理由を数字で裏付け、さらに自社の成長戦略に応用可能な分析手法を考えてください。

■他社の成功要因をえぐり出す

コンサルタントがよく「業界研究」や「事例研究」を行うのは、ある業界で成功している企業や仕事の進め方を徹底的に研究分析し、その成功要因（Why ＝なぜ）をえぐり出すためです。決して事実を集め、情報量を増やすことが目的ではありません。

情報の羅列は分析ではない。これをまず肝に銘じてください。

では、具体的な業界分析手法をいくつか挙げてみます。１１５ページのグラフ①はE業界各社の売上高と利益率の相関関係をマッピング化したものです。売上高の大きさに比例して利益率が上昇していることがわかります。しかも、売上高が一定規模を超えると、利益率は急上昇する傾向があるのです。

つまり、「スケールメリットが効くが、一定規模以上の売上が必要」な業界だと言えます。この業界法則に当てはまらないP社とQ社のうち、P社の成功要因を探るのが事例研究です。

グラフ②はF業界各社の利益率マッピングです。売上規模が小さい企業群と大きい企業群が高利益率を確保できているのに対し、中間規模の企業群だけが低利益率や赤字にあえいでいる実態がわかります。

そうです。「ニッチな分野とスケールメリットで儲ける企業がある一方で、中途半端な売上規模では儲からない」業界なのです。

ほかに、投資と成長率の相関関係を見るグラフ③も効果的な分析手法の一つ。G業界では、売上高に占める投資額の割合が10％までなら、成長率の高さと比例しています。ところが、10％以上の投資をしても、成長率に変化は生じません。いわゆる**収穫逓減**※**の法則**が働く業界なのです。

■的確な分析が提案を生む

因果関係をえぐり出す的確な分析ができると、「だからどうするのか＝So

what」という提案が見えてきます。WhyとSo whatが揃ってこそ、コンサルタントが定義する真の分析なのです。

E業界の中堅企業H社の役員に対しては、「スケールメリットを享受するためにM&Aによる成長を検討すべき」と提言します。あわせて「P社の取り組みから学べる内容があるため、今後より深堀りします」と加えることも大切です。

また、F業界ではニッチ分野に属するI社の役員に向けては、「戦略なき拡大は赤字転落を引き起こしかねない」と意見するのです。

さらに、G業界企業の役員向け資料としては、「ベストな投資額は売上高の10％程度」と結論づけるのが最適と言えます。

業界分析手法

グラフ①（E業界）

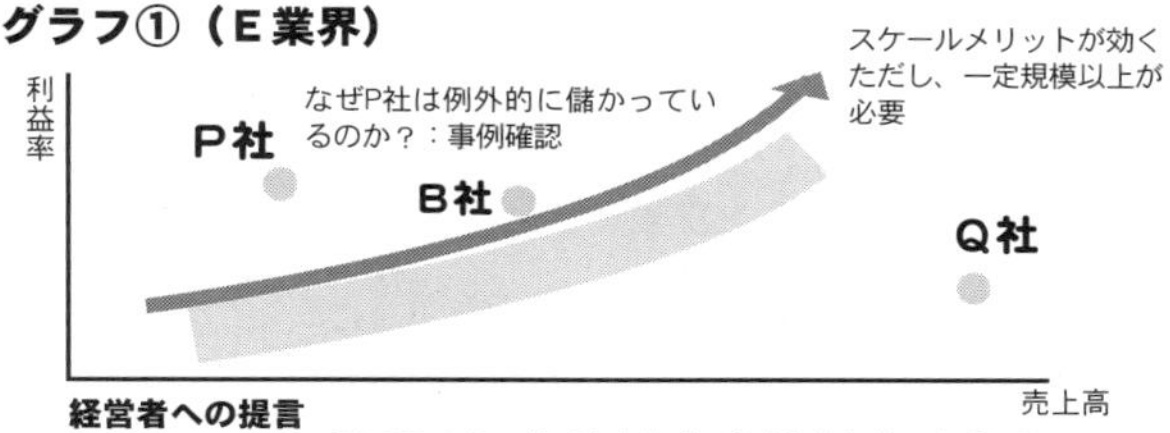

経営者への提言

⇒「M&Aによる拡大を検討すべき」
⇒「P社の取り組みから学べることとは…」

グラフ②（F業界）

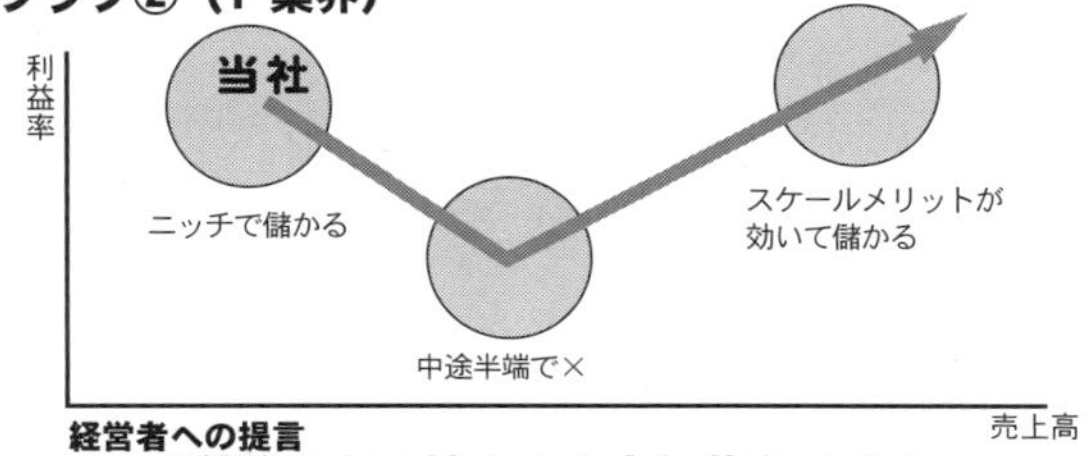

経営者への提言

⇒「戦略のない拡大は赤字転落を引き起こす」

グラフ③（G業界）

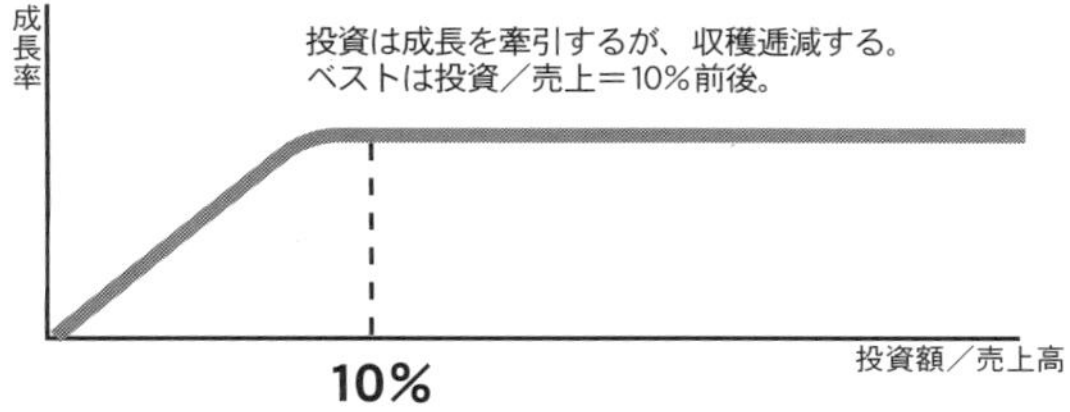

経営者への提言

⇒「ベストな投資額は売上の10%程度」

正解

BとD

- **A** 類似企業ごとにグループ化し、最近の動きを整理する ……△
- **B** 売上規模と利益率の関係をグラフ化し、相関関係を抽出する ……○
- **C** 各社のここ数年の取り組みを徹底的に調査し、詳細に羅列する ……×
- **D** 他社の成功事例からその要因を引き出し、自社への応用方法を考える ……○

解説

Aの「類似企業ごとにグループ化し、最近の動きを整理する」はギリギリ△です。実際はただのグループ化にすぎませんし、最近の動きを整理する程度では、分析に程遠いケースがほとんど。

ですが、本質を突いた業界各社のグループ化を図れた場合には、成功要因の抽出が可能になりますので、結果△という解答になるのです。

Bの「売上規模と利益率の関係をグラフ化し、相関関係を抽出する」は正解です。業界各社の**財務諸表**※を読み解いてグラフ化し、成功企業の成功要因を抽出する分析手法はコンサルティングの常識だからです。

Cの「各社のここ数年の取り組みを徹底的に調査し、詳細に羅列する」は論外です。経営企画室の人材がやるべき分析ではありません。もちろん、徹底的に調査するという姿勢は素晴らしいことですが…。

Dの「他社の成功事例からその要因を引き出し、自社への応用方法を考える」も正解です。経営を預かる役員は、会社の成長戦略を考えて決断し、その実行と結果責任を負います。自社の成長戦略立案に応用できる分析資料を評価しない役員はいないからです。

用語

新聞記事の正確性と限界

無料のインターネットによる情報収集が便利なのは確かだが、情報の信頼性・正確性という点では、新聞記事に分がある。だが、新聞記事は「誰がいつ何をどうした」という事実は書いてあるが、「なぜ、どうして」の部分は意外と見えてこない。企業の合併記事を読んだ場合にも、「なぜ合併したのか」を自分なりに考えてみよう。

収穫逓減の法則

マクロ経済学から生まれた生産性低下に関する傾向のこと。時間や資源をいくらつぎ込んだとしても、ある一定量を超えると生産性は向上しない。ビジネスパーソンの仕事効率にも当てはまり、ダラダラと同じ仕事を続けるより、頭を切り替え別の仕事をしたほうが効率的。

財務諸表

ビジネスパーソンが読み解くべき財務諸表としては、バランスシート＝貸借対照表（ＢＳ）、損益計算書（ＰＬ）、キャッシュフロー計算書がある。

Chapter2. 分析手法系

例題②

事例研究

よくあるSituation

業績下降メーカーが
早めの軌道修正。
目標設定の“設定基準”
はどうする？

問題 売上高350億円の産業用機械メーカーの戦略企画室で、社長直轄の極秘プロジェクトに携わっている。

プロジェクトチームの現時点での結論は、「最近業績が下降気味だが、まだ致命的な水準には陥っておらず、早めの軌道修正が必要」というもの。

具体策としては、目標設定の仕組みを変えることで、業績回復を行いながら、将来の大規模な戦略転換に備えた投資資源を確保するつもりでいる。一体どのようにして具体的かつ実現可能な目標設定を行ったらよいのか？

A 高い目標を掲げ、社員のやる気を引き出す

B ライバル企業のデータを分析し、当面の目標として設定する

C 現状からの確実な改善を目指し、一律X％向上といった目標設定を行う

D あえて本部からの目標設定は行わず、社員が自ら考えた目標値を採用する

Key Word

●KPI　●ベンチマーク手法

チームには三つの目標が必要だ！

2005年6月8日、**タイ・バンコクで行われた**※W杯アジア最終予選の対北朝鮮戦。日本代表は2―0で勝利し、ドイツ大会への出場を決めました。

代表チームのゴールは予選突破です。その最終目標のほか、次の試合に向けどんな準備をしたらよいのか、いかに目の前の対戦相手と戦うべきかといった、具体的なアクションが起こせる、短期的な目標設定が必要になります。

最終予選は半年間の長丁場。その間、「ひたすら勝たねば」と走り続けるのは、トップ選手といえども苦しいものです。しかし、目の前の試合に集中することで、チームは余計なプレッシャーからいくらか解放されます。そしてまた、途中で何か起きても、修正が効くようになるのです。

ジーコジャパンが事実そうでした。テヘランでのイラン戦に敗れたあとの敵地バーレーン戦、選手からの直訴によってシステム変更（慣れない4バックから自信のある3バックへ）を決断。バーレーン戦の勝利が代表に勢いをつけ、北朝鮮戦での予選突破へと結実したのです。

■キーになる管理指標KPI

つまり、チームには最終目標、具体的なアクションに関わる目標、短期的な目標（マイルストーン）の三つが揃うことが必要なのです。

問題の最終目標は、「早めの軌道修正で業績回復を図りながら、将来の大規模な戦略転換を狙う」という曖昧なもの。一応のゴールは見えていますが、残りの二つは現在検討中です。

具体的なアクションに関わる目標はKPI（キー・パフォーマンス・インデックス）に置き換え、それをいつまでにどう改善するかがマイルストーンになります。

KPIとは、企業のビジネス遂行上、キーになる具体的な管理指標（数字）のこと。業種や業態、企業によってKPIはそれぞれ違います。

仮にあるメーカーの売上を伸ばすには、新規顧客の獲得がカギだとします。そのときはKPIを「新規顧客の獲得件数」と具体的な目標にしたほうがわかりやすいのです。年度末までに必要な売上を新規顧客数で割り、さらに3カ月ごとの数字に直せば、毎四半期のマイルストーンが完成します。

プロジェクトチームはどんなKPIを社員に示すべきでしょうか？

KPIとマイルストーンの設定事例

メーカーの法人営業部門
年間収益目標2000万円・営業マン10人の場合

収益率は10%なので、『年間売上目標』は…

2億円

→

一顧客当たりの平均単価が100万円なので、『必要な顧客数』は…

200

→

営業マンが訪問できた顧客の約1割が購入しているので…

(客数× 10)の訪問件数が必要

この場合の具体的なKPI
＝年間2000件の訪問件数

1カ月当たりの訪問件数は約160件

部門のマイルストーン

営業マンは毎月約16件の顧客を訪問

個人のマイルストーン

コンサル的 Suggestion

自社とは違って業績好調なライバル企業の財務諸表を分析しキーとなる数字を抽出当面の目標に設定する

極秘プロジェクトチームが最初にすべきは、参考となる競合他社の財務諸表分析です。分析結果を踏まえ、当面の目標と目標達成のキーとなるＫＰＩを抽出し、具体的な短期目標を設定しましょう。

■根拠のある目標設定を

企業の最終目標は企業価値の増大です。したがって、プロジェクトのゴールもまた、企業価値を高める直接的な収益インパクトがなくてはいけません。

その点、「早めの軌道修正で業績回復を図りながら、将来の大規模な戦略転換を狙う」というゴールは遠大なうえに曖昧。まずは正当で意味のある当面の目標を設定する必要があります。ジーコジャパンがＷ杯予選の前から「本大会で優勝するぞ」とハッパをかけるようなものです。

産業用機械メーカーの売上は約３５０億円。この数年間のマイナス成長で売上は10％以上、利益率も５％以上減少しています。

正当で意味のある目標の反対が、根拠のない「気合い」目標です。

「成長率、利益率ともプラス10％を目指し、最盛期を上回ろう！」

根拠があるように見えて、実は何もありません。もちろん、社員は納得しませんし、高いモチベーションを持たせることも困難です。

■ベンチマーク手法を活用せよ

正当で意味のある当面の目標設定には、他社のやり方を学び、優れた部分を取り入れる**ベンチマーク**※手法が効果的です。適切なベンチマーク対象を選び、ベンチマークすべき機能や要素を明確に認識することが重要です。

今回は競合他社に最適なベンチマーク対象が存在します。売上規模が400億円と近く、業績好調が続くA社です。A社の財務諸表を分析したところ、ここ数年の成長率は毎年2％、利益率は5％のプラスだとわかりました。

「成長率2％、利益率5％のプラス成長を当面の目標とする」

毎年10％という根拠なく高い目標を掲げずとも、業績回復は可能なのです。競合A社にできて、自社にできないはずがありません。社員も納得です。

■ＫＰＩは原価率の３％削減

当面の目標は設定しましたが、その実現方法がまだ見えません。さらにベンチマークを続けると、粗利率で２％、原価率に３％の違いがあることが判明しました。販管費率は同じなので、無理に効率化しなくても大丈夫です。

つまり、粗利率を２％改善し、３％の原価削減を行う。これが具体的なアクションに関わる目標＝ＫＰＩです。粗利率の改善は価格改定やムダな値引きの廃止、原価削減は開発プロセスの効率化や調達先・コストの見直しなどのアクションプランが考えられます。

ベンチマーク手法

	当社	競合A社
売上／年	350億円	400億円
成長率	-3%	+2%
利益率	-1%	+5%
粗利率	49%	51%
原価率	30%	27%
販管費率	20%	20%

分解（利益率 → 粗利率・原価率・販管費率）

当面の目標

+2% → +10%

+5% → +10%

〝根拠のない〝気合〟目標〟

2%改善
価格決定→
無駄な値引きストップ

ライバルが何をしているか確認すべし！

3%原価削減
具体案を考える

このままでOK
今でも十分効率的

現実的な目標となる

正解 **B**

A 高い目標を掲げ、社員のやる気を引き出す ……△

B ライバル企業のデータを分析し、当面の目標として設定する ……○

C 現状からの確実な改善を目指し、一律X％向上といった目標設定を行う ……×

D あえて本部からの目標設定は行わず、社員が自ら考えた目標値を採用する ……△

解説

Aの「高い目標を掲げ、社員のやる気を引き出す」は△です。高い目標はふつう根拠のない目標ですから、かえって社員のやる気を失わせるからです。が、年間1兆円の利益を上げるトヨタ自動車など、ごく少数の超優良企業は「原価率50％ダウン」といった無理難題も、ゼロベースの新しいやり方で達成してしまいます。

Bの「ライバル企業のデータを分析し、当面の目標として設定する」が正解です（ただし、ここではライバル企業の実際がベンチマーク値となり得ることを前提としています）。ライバル企業と大差があるわけではないので、根拠ある実現可能な目標設定と言えるからです。

Cの「現状からの確実な改善を目指し、一律X％向上といった目標設定を行う」は不正解です。根拠のない「気合い」目標に近く、しかも、改善すべきものとその必要がないもの、向上・改善率の差を無視した一律の数値目標設定では社員が納得しません。

Dの「あえて本部からの目標設定は行わず、社員が自ら考えた目標値を採用する」も△です。社員からの自発的な目標設定には、達成へのコミットメントが生まれるからです。ただ、「とりあえず実現可能な目標値」しか挙がらず、プロジェクト本来のゴールを達成できないリスクが高いでしょう。

用語

タイ・バンコクで行われた

本来はホームの北朝鮮で開催されるべき試合。が、05年3月に北朝鮮で行われた二試合が、審判の判定を不服とする観客がピッチにビール瓶を投げ入れたり、相手チームのバスを取り囲む騒ぎに発展。運営責任を重く見た国際サッカー連盟（FIFA）が、第三国での無観客試合の制裁処分を下した。

しかし、出場したドイツ本大会では一次リーグ敗退。オシムジャパンが誕生したが、病に倒れ、07年12月に急遽、岡田ジャパンへと引き継がれた。

適切なベンチマーク対象

競合他社や業界内の企業だけとは限らない。異業種や海外企業にまで幅広く対象を探し、優れた経営戦略や業務プロセス、ビジネスモデルなどを学ぶことが重要。適切なベンチマークが自社のプロセス改善や企業変革につながる可能性は非常に高い。

Chapter2. 分析手法系

例題③

仮説

よくあるSituation

顧客の購買単価を上げたい。頼りは直感、仮説、データ解析のどれ？

問題

オンライン・オフィス用品販売の商品企画担当者。競合他社が参入し、新規顧客開拓も一段落したことから、以前のような成長が鈍ってきた。

売上を伸ばすためには、(1)顧客数を増やす、(2)顧客の購買単価を上げる、の2つがあることは夜間に通うMBA講座で理解している。

しかし、現状では、(1)が難しいこともわかっている。よって(2)の方法で売上を伸ばそうと考えているが、どんなプロセスで購買単価の向上を検討したらよいのだろうか?

A データマイニングソフトを使い、徹底的な購買解析を行う

B 営業マン等と議論しながら仮説を立て、購買データで検証を行う

C 役員や担当部長の直感を頼りに、アクションプランを決める

D 購買単価アップも「取らぬ狸の皮算用」として、検討しない

Key Word

●MECE

売上を伸ばす二つの方法

売上を伸ばす方法は、突き詰めると二つしかありません。

一つは顧客数を増やす。二つ目は一人当たりの購入単価を上げることです。両方を組み合わせることができれば、売上は加速度的に伸びていきます。

しかし、顧客数を増やしながら一人当たりの購入単価を上げるのは、簡単ではありません。かつての高度成長期やIT業界の勃興期のように、市場そのものが急拡大している。あるいは、今まで市場に存在しなかった画期的な新商品・サービスを世に送り出し、時流に乗ったときが多いのです。

フリースブーム時のユニクロ、日本上陸時のスターバックスなどを思い浮かべるとわかりやすいでしょう。

登場時のインパクトが薄まり、ブームが過ぎると、会社の業績はいったん踊り場を迎えます。それは仕方のないことですし、「もはやあって当然」と消費者・社会に認知されたということでもあるのです。

オンライン・オフィス用品販売会社の新規顧客開拓が一段落したのも、そういうことです。店舗販売より安価なオフィス用品を、いつでも必要な分をオンライン操作一つで注文できる。こんな便利なサービスを法人顧客が見逃すはずがありませんが、現在は需要が一巡してしまいました。

ですから、マーケティング知識を学んだ賢明なる商品企画担当者は、顧客数の増加が難しいとわかっているのです。

■商品を増やすか単価の見直しか

一人当たりの購入単価を上げるには、商品数を増やす、商品単価の見直しのどちらかが必要です。

さらに商品数を増やすとしたら、商品ラインアップを拡充する、別ジャンルの新商品を投入するなどの方法があります。商品単価の見直しでは、全体的に価格を上げる、売れ筋商品の価格を上げるといったやり方があります。

ちなみに**オンライン販売の顧客数を増やす**方法は、広告キャンペーンによって見込み客（潜在顧客）数の増加を図る、見込み客の獲得率を高める、の2種類に分かれます。見込み客を自社の顧客にするには、法人営業の質を高める（接客や提案資料・商品カタログの改善）、法人営業の訪問回数・時間を増やすという方法があります。

これはマーケの基礎知識です。応用問題にはどう対応すべきでしょうか？

売上を伸ばすために

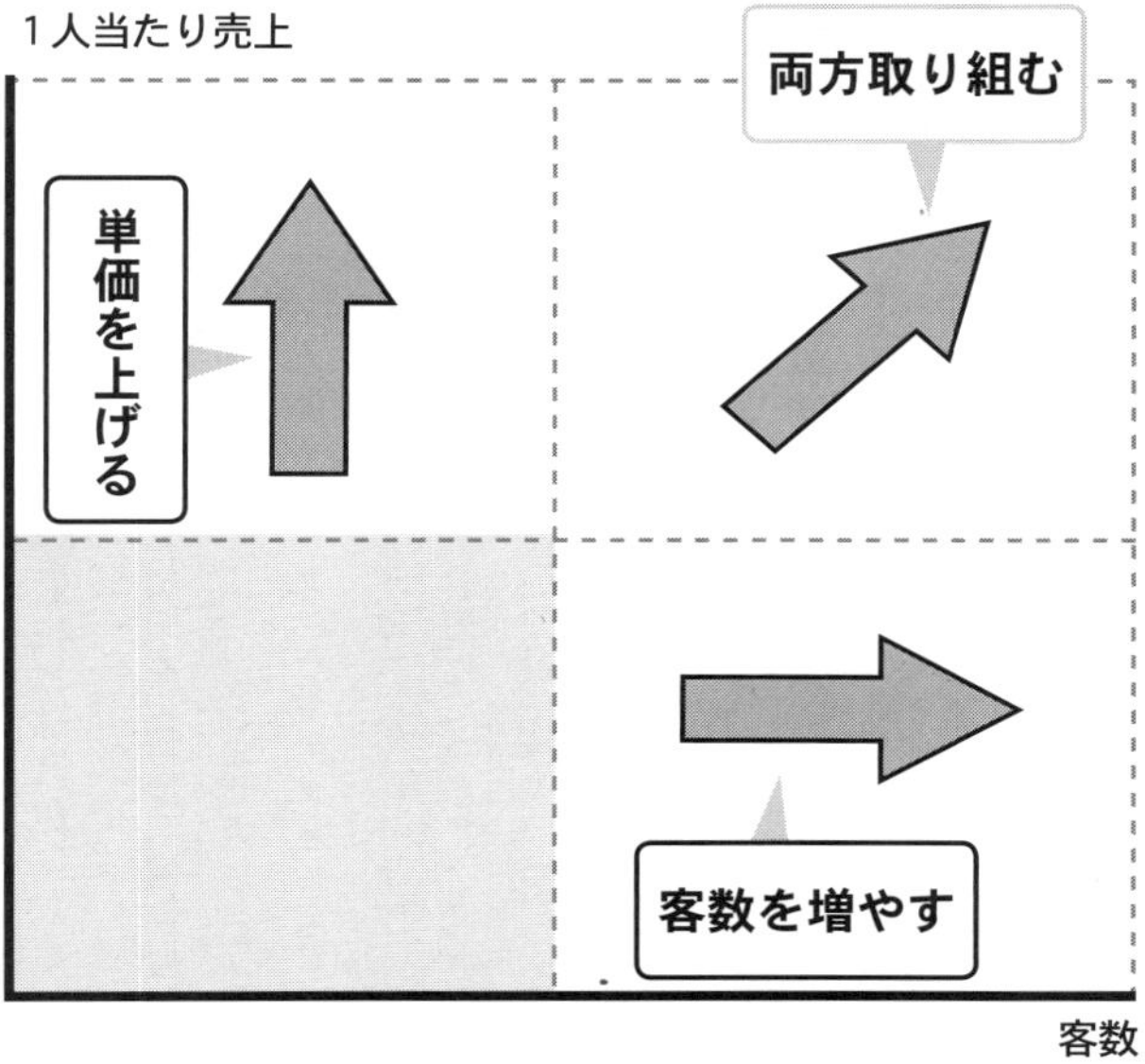

⇒あくまで初歩的な“お勉強”レベル

コンサル的 Suggestion

データ解析では売上増加の答えが見つからない！現場感覚から仮説を立てそれをデータ検証すべし

膨大な時間とコストをかけ、徹底的な購買解析を行ったとしても、答えが見つかるとは限りません。こんなときこそ、ビジネスの絶対条件である仮説力の出番です。

■仮説とは何か

ビジネス力は〝仮説力〟と言っても過言ではありません。なぜでしょう?

コンサルティング業界では、手持ちの材料から、まずは仮説を作り上げ、それを検証しながら戦略を構築していくアプローチを取ります。土地勘のない分野や新しいビジネス領域に関して、短期間に答えを出すには、これ以外の方法がないのです。あらゆる調査・分析を行い、すべてを一から積み上げていては、とても時間が足りません。

市場の変化が激しく、新規事業の立ち上げと撤退を繰り返す今、仮説なくしての成功はあり得ないのです。それでは仮説について簡単なケースを使って考えてみましょう。

あなたは取引先A社の担当者です。先月までの入金は確認したのですが、今月の入金が確認できていません。その理由として、次のどれが仮説として成立するでしょうか？

①担当者が入金手続きを忘れた
②自社の取引口座に何か問題がある
③資金繰りの悪化により払えない

実はどれも仮説ではありませんが、①〜③は、ある条件を満たすと仮説として成立します。それは「仮説の論拠が、何かしらの事実に基づいて類推されているか」ということです。

①であれば、担当者がずぼらな性格で、以前にも入金遅れの事実がある場合に成立します。自社の取引口座を変更したばかりで、入金の確認ができない他の取引先があるなら、②は仮説になります。③が仮説として成立するには、最近、決済期間延長の申し出があったといった事実が必要です。

■MECEで効率的な情報収集

仮説には、その根拠となる事実が必要と言いました。徹底的な情報収集・分析は手間がかかりすぎ、思いつきや行き当たりばったりでは肝心な情報が集まらなかったり、似た情報をいくつもリストアップしてしまいがちです。

こうした問題を解決し、必要かつ十分な情報を集めるのがMECE※の手法。簡単に言うと、「もれがなく、ダブリもなく」という考え方です。

例えば、目の前に赤、青、黄、緑色の四つの箱があり、どれかに宝物が入っているとイメージしてください。上の扉を開けると、箱は簡単に開きます。もっとも効率的な宝の見つけ方は、四つの箱の上の扉を順番に開けること。4回で必ず宝物が見つかります。MECEとは、この方法そのものです。

一方、四つの箱があるのに、一つだけを何度も開けてみる。上の扉を開けないで、横や下から無理やり開けようとするのは、効率の悪いやり方です。

■正しい仮説で購買単価アップ

オンライン・オフィス用品販売大手のアスクルは、仮説によって購買単価の引き上げに成功しました。同社の仮説とは、「残業している人たちは手頃な軽食を食べたいだろうから、夜食用のインスタント食品を商品カタログに入れる」というもの。ニーズに合致した夜食メニューは大ヒット。仮説の正しさが購買データで実証されたのです。

4つの箱

赤　青　黄　緑

仮説なし

ひたすら
データを分析

↓

答えが出るのに、
膨大な時間が
かかってしまう

仮説あり

「残業している人は、
手頃な軽食を
食べたいはず」

↓

カタログにインス
タント食品を入れる

↓

売れた！

ビジネス力＝仮説力

正解

B

- **A** データマイニングソフトを使い、徹底的な購買解析を行う ……△
- **B** 営業マン等と議論しながら仮説を立て、購買データで検証を行う ……○
- **C** 役員や担当部長の直感を頼りに、アクションプランを決める ……×
- **D** 購買単価アップも「取らぬ狸の皮算用」として、検討しない ……×

解説

Aの「データマイニングソフトを使い、徹底的な購買解析を行う」は△です。購買単価を上げる答えにたどり着く可能性はありますが、仮説を立てていませんし、答えを出すまでに膨大な時間とコストがかかります。

Bの「営業マン等と議論しながら仮説を立て、購買データで検証を行う」が正解です。現場の意見を参考にした仮説は、正しい仮説にたどり着く効率的な問題解決手法だからです。一方で、アクの強い営業マンの意見（思い込み）をうのみにして、それを仮説と勘違いするようなマネは避けたいものです。

Cの「役員や担当部長の直感を頼りに、アクションプランを決める」は不正解です。現場感覚の乏しい役員や担当部長の直感が当たる確率は非常に低いからです。特に何十年も前の成功体験をもとに仮説にした意見を主張する役員などは要注意です。

Dの「購買単価アップも『取らぬ狸の皮算用』として検討しない」は論外です。仮説を放棄しているからです。まずは、考えることから始めないとビジネス力は向上しません。

用語

オンライン販売の顧客数を増やす

一方、一般消費者向け店舗販売の顧客数を増やす場合であれば、新規の来店者数を増やす、来店者の購入率を高める、の2種類に分かれる。そして購入率を高めるには、接客の質を高める、接客時間を増やす（逆に減らす）、内装や陳列方法の変更、ＰＯＰの導入などの方法が考えられる。

ＭＥＣＥ

Mutually Exclusive Collectively Exhaustive の四つの頭文字をとったもので、「ミーシー」と発音される。直訳すると「お互いに排他的で、集合的に余すところなく」という意味。分析や問題解決の枠組み（フレームワーク）として使われるケースが多く、非常に強力なコンサルツールである。

COLUMN

情報力は、コミュニケーション力

「なんでこの人は、こんなにもすごい情報を持っているのだろう」

そんな驚きを覚えることってありませんか？

実際にそういった敏腕ビジネスマンの方と、何度か一緒に仕事をする機会がありましたが、いやはや素直に脱帽することしきりでした。

もちろん、それだけでは悔しいので、どうやったら彼らのようになれるのか研究したものです。

どうやらヒントは「ネットワーク効果」にありそうです。例えば、人気ポータルサイトにユーザーが吸い寄せられ、情報も集まり、出店も増え、そしてまた新たなユーザーが集まってくるようなもの。

つまりは、情報は重力の中心に吸い寄せられるように集まってくるということ。その中心点から網の目のように情報のネットワークが形成されるものなのです。

コンサルティング業界でも同じことが言えます。ブレーンストーミングに声がかかる人気コンサルタントは、貴重な情報を持っているからこそ声がかかる。そしてまた、ちゃんとブレストに貢献する。

貴重な情報を披露するだけでなく、それ以外でもしっかりと発言して、ブレストに付加価値を出す。その結果として、こういったブレストにちょくちょく声がかかるようになって、さらなるネットワーク効果を高めていく。まさに、『正のスパイラル』といった感じですね。

　でも、よくよく考えてみると、このネットワーク効果を支えている根源は、コミュニケーション力そのものだと思いませんか？

　普段から相手とのコミュニケーションを取っていて、ちゃんと相手の求めるものに応えてあげる。それが、結果として自分にも返ってくる。意外と当たり前のことが、情報力を高める基本だとわかります。

　また、コミュニケーション力は、社会人としてしっかりとした振る舞いができたりすることが基本になることも興味深いですね。

　相手の話をきちんと聞く。困ったときは助けてあげる。どんなに気分が悪くても、場の雰囲気を壊さないように言葉から棘を抜く。笑顔で話かける。お礼を言う、お礼のメールを書く。そんな、とっても当たり前のことがとても重要なのです。

　コンサルティング力の基盤はコミュニケーション力。その原動力は、社会人としてのマナー。なんだかこれだけ書くと当たり前すぎますが、中堅ビジネスパーソンが基本に立ち返ってみる、よいキッカケになるかもしれませんね。

Chapter3.商品マーケティング・企業ブランディング系

例題①

ブランド構築

よくあるSituation

かつてのステイタスシンボルも今は昔。若者向けブランドを再構築するには？

問題

あるクレジットカード会社。かつて1980年代には、社会に出た若者がこぞって入会を希望する流通系のブランドカードだったが、新たな顧客を開拓できず、保有層の高齢化が進んでしまった。その結果、今の若者からは「尖った生き方」のシンボルどころか、「古臭いブランド」として認識され、そっぽを向かれている。

当然、事業も先細り気味で、早急の対策が必要な状況である。一時代を築いたブランドを再構築するには、一体どのような手を打つべきか？

A 価格や広告を出す媒体を、若者向けに変更する

B ブランドの持つ哲学や魂を、若者向けの新カードに注入する

C 新機能を付け加えることで、若い世代に魅力的なカードに再構築する

D 若者向けの新ブランドカードを立ち上げる

Key Word

●尖りと弱み ●立ち位置（原点回帰）

クレジットカード戦国時代

「クレジットカードやキャッシュカードを何枚持っていますか」

そう聞かれて、即答できる人は少ないでしょう。平均で5～6枚、中には10枚近く所有していると思います。

即答できない理由は簡単です。よく使うカードは1～2枚しかなく、それ以外のカードはほとんど使わないか、作ったことさえ忘れているからです。

とくにクレジットカードはＤＣＦ（14ページ参照）の観点からも、非常に便利なものです。決済（口座引き落とし）が1～2カ月後にもかかわらず、使用する時点で金利（＝割引率）ゼロの現在価値を得られます。

本来、利用者が負担すべき金利は、カード会社の収益によって賄われています。年会費や加盟店・提携事業者からの数％の利用手数料、年利十数％のリボ払い金利、年利20％程度のキャッシング金利が主な収益源です。

が、発行枚数を増やすだけでは収益につながりません。利用者の「メインカード」に選ばれ、家賃や携帯電話利用料などの決済、リボ払い、キャッシング利用を増やす必要があるのです。

カード戦国時代に突入した今、業界では何が起きているのでしょうか。

■新御三家登場で競争激化

カード業界は世界的に銀行系と流通系を核とし、それ以外の富裕層をターゲットとするT&E（トラベル&エンターテインメント）系の3分野で市場が形成されていました。

これまでは棲み分けができていたのですが、メインカードの座が限られている以上、分野を超えた提携・競争は必然です。各カード会社とも、年間決済額の大きい上級カード会員の獲得と囲い込みに注力しています。富裕層の囲い込みは簡単ではないものの、毎年かなりの収益を確保できるからです。

小額決済を巡る新規参入も盛ん。従来、小銭で済む買い物をカード決済する習慣はなかったのですが、Edy※やSuicaでの電子マネー決済が日常化しつつありますし、ネットはカード決済が基本です。『日経ビジネス』はネット・鉄道・携帯を「カード業界の新御三家」と呼んでいます。

かつての流通系ブランドカード再生に必要な要素は何だと思いますか？

系列別クレジットカード発行枚数

単位：万枚

	1997年3月末	2007年3月末
銀行系	9,075	11,424
流通系	6,054	8,540
信販系	6,556	6,216
メーカー系	672	1,237
中小小売商団体	552	434
その他	458	1,415

コンサル的 Suggestion

かつてあった選ばれる理由の“センスの良い人が持つカード”このブランド哲学を前面に新カードを若者層へ再アピール！

ブランドは永遠ではありません。自社カードがなぜ顧客に選ばれていたのか、どこにブランドらしさがあったのかを再認識し、それを今の若者層に訴えるのに最適な方法を選びましょう。

■選ばれるには理由がある

カード業界の流れを把握したうえで、自社のカード戦略を見直すことはとても重要な検討課題です。

しかし、このクレジットカードは保有層の高齢化が進み、新たな顧客獲得もままなりません。要するにブランド自体が傷つき、疲弊しているのです。

昔は若者層に選ばれる理由がありました。だからこそ、こぞって入会するブランドカード足りえたのです。

80年代は女子大生ブームが到来し、メンズファッションの世界ではデザイナーズ・ブランドがブームになり、若者の消費意欲が増大していました。

社会人となった若者はこのカードを手にすることで、系列百貨店や提携先の今でいうセレクトショップでの買い物が、よりしやすくなったのです。当時から分割支払いが可能なことも、給料の少ない若者には魅力的でした。

「センスの良い人が持つカード」。これが選ばれる理由＝〝ブランド哲学〟、言い換えれば、「こだわり」や「らしさ」なのです。

ところが、他社との機能強化・発行枚数の拡大競争の過程で、本来のブランド哲学が薄れてしまったのです。ブランドを再構築して価値を高めない限り、現状からの復活はありえません。

ブランド価値を高めるには哲学のほか、二つの要素が必要です。強烈な強みである〝**尖り**《※とが》〟とライバル並みのレベルにまで〝弱みを補う〟ことです。

具体的に説明しましょう。

アップルのブランド哲学は「新しい技術やアイデアを用いて顧客の胸を躍らせる商品を提供する」こと。

尖りは「その技術やアイデアを短期間で商品化する開発力」です。Ｍａｃユーザーはそのこだわりや尖りに魅力を感じているため、価格が割高でも納得して購入します。

むしろ、機能やデザインを犠牲にし、低価格の汎用品を開発した場合にこそ、「らしくない」とソッポを向くに違いないのです。iPod、iPhoneとアップルが世に送り出す新商品はいつも、ユーザーの心をワクワクさせます。この事実こそがアップルの尖りを体現しているといえるでしょう。

ただ、あまりに割高ではユーザーの購入意欲が失われます。また、壊れやすい商品からはユーザーは離れて行きます。弱みを補うために、生産コストを下げ、品質を上げる努力も同時に続けているのです。

ブランド価値を高める3要素

■アップルの場合

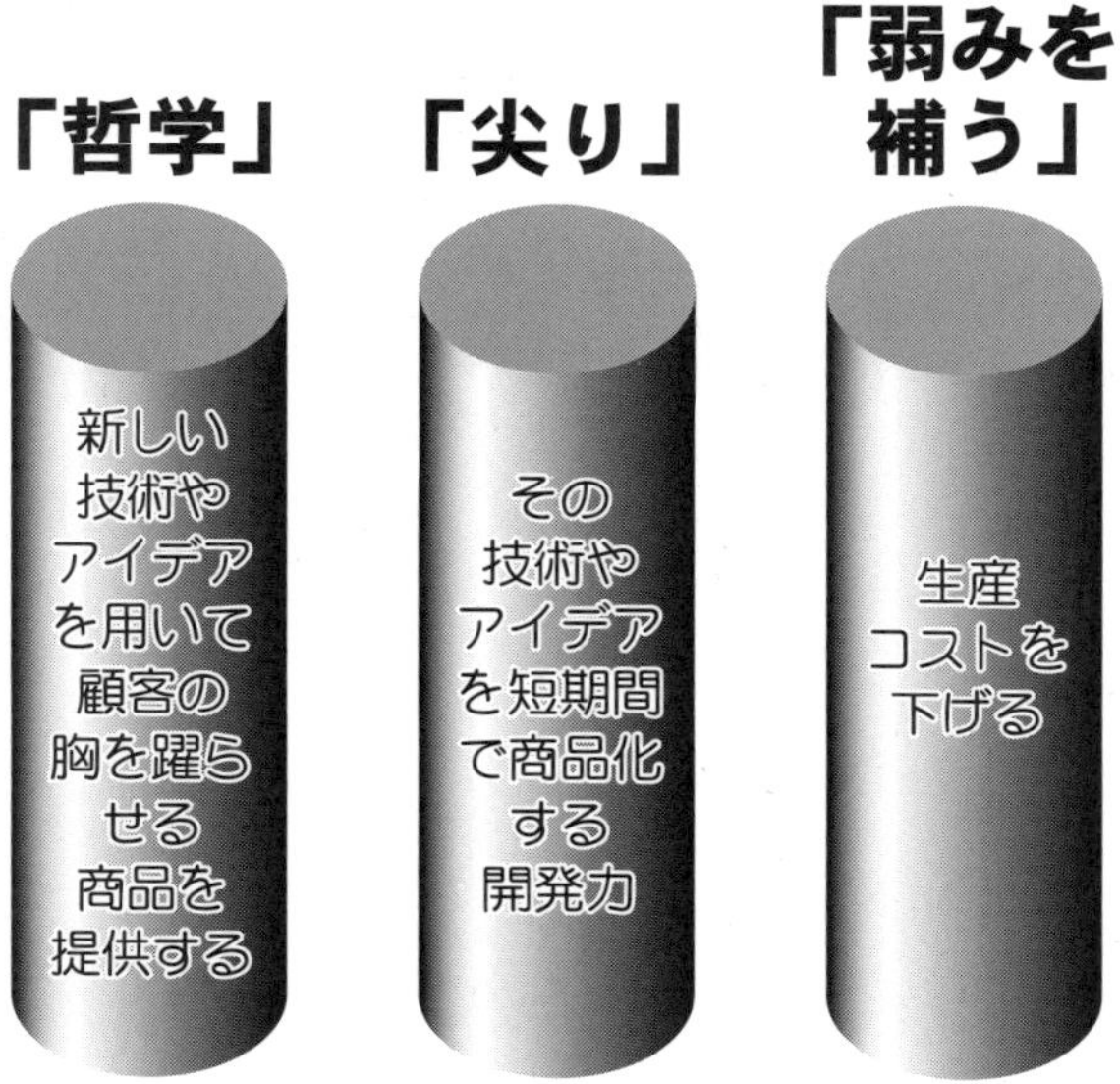
「哲学」
新しい技術やアイデアを用いて顧客の胸を躍らせる商品を提供する
「尖り」
その技術やアイデアを短期間で商品化する開発力
「弱みを補う」
生産コストを下げる

正解

B

A	価格や広告を出す媒体を、若者向けに変更する	……×
B	ブランドの持つ哲学や魂を、若者向けの新カードに注入する	……○
C	新機能を付け加えることで、若い世代に魅力的なカードに再構築する	……△
D	若者向けの新ブランドカードを立ち上げる	……△

解説

Aの「価格や広告を出す媒体を、若者向けに変更する」は不正解。今や「古臭いブランド」として認知されているのです。いくら価格や広告媒体を若者向けにしても、効果はないと考えるべきです。

Bの「ブランドの持つ哲学や魂を、若者向けの新カードに注入する」が正解です。「センスの良いライフスタイルを提供する」というブランド哲学の原点に立ち戻った新カードの開発は、問題解決の有力な手段だからです。

ファッション関連に加え、グルメや旅行、クルマ、インテリアといった高感度の若者層に訴えることです。保有層の高齢化が進んだ現カードのリニューアルにこだわる必要はありません。

Cの「新機能を付け加えることで、若い世代に魅力的なカードに再構築する」は△です。他社と比べ明らかな機能の弱みがある場合のみ正解です。

リボ払いの金利・回数設定やあるとき払い制度の有無など、弱みを補うことで、若者離れを食い止められる可能性があります。

もっとも、現在のカード事情を考えれば、機能面だけで差別化するのは難しいのですが。

Dの「若者向けの新ブランドカードを立ち上げる」も△です。現ブランドの価値が、もはや修復困難なケースでは、新ブランドを立ち上げるしかありません。

ですが、その場合は過去のブランド遺産を活用できず、事業リスクがあまりに大きすぎるからです。

用語

EdyやSuica

2007年5月、Edyの発行枚数は3000万枚を突破、使える店舗数は約6万9000店（2007年11月現在）。Suicaの発行枚数は2007年4月に2000万枚を突破した。

尖り

ブランド哲学を商品やサービスに具現化したもので、その企業・ブランドにしかできない、作れないといった強烈な強みのこと。顧客の側から見ると、最大の購入動機となる。コア・バリューとも言う。

Chapter3.商品マーケティング・企業ブランディング系

例題②

商品開発

よくあるSituation

根強く支持される人気車種。フルモデルチェンジの方向性をどう定める？

問題

あなたが勤める中堅自動車メーカーは、会社の顔とも言える根強い人気車種を持っている。前回のフルモデルチェンジから6年が経過し、次のフルモデルチェンジを睨んだ開発を行うことになった。

ところが、同じカテゴリーの競合車種も増え、これまでにない大胆な変更が必要なのはわかっているが、何をどこまで変えるかの具体的な議論は紛糾したまま。開発プロジェクトリーダーのあなたは、フルモデルチェンジの方向性をどう定めたらよいか？

A 最も売れている競合車種を意識し、それを上回る機能を持った車にする

B 現在のデザインは踏襲し、最先端技術を駆使した性能アップを目指す

C 人気車種としてのアイデンティティーを保つため、大幅なデザイン変更や機能変更は行わない

D すべての面で新しいコンセプトを導入し、新車として生まれ変わらせる

Key Word

●3C分析　●ブランド想起

3C分析のフレームワーク

経営戦略の策定や商品開発に使える代表的な分析手法（フレームワーク）に、3C分析があります。MBAやコンサル業界でも、入口の分析手法としてよく使われるベーシックなものです。

3CのCはそれぞれ、Customer（顧客）、Competitor（競合）、Competance（自社の強み）を表します。

一般的なMBA参考書では、3Cを161ページ上部図のような位置関係で示しています。自社や自社商品に関して、競合他社より勝っている部分を自社の強みと捉え、それが顧客に「選ばれる理由」なのかどうかを判断します。要は、3Cを総合的に分析しよう、というわけです。

しかし、これはあくまで教科書的な3Cの考え方です。実践に役立つコンサルティング力の養成を目指す本書では、より実践的な使い方を紹介します。

■実際はこう使う

実践的な3Cのフレームワーク（161ページ下図）では、「選ばれる理由」

を最重要とします。なぜ、他社ではなく、自社の商品に魅力を感じて購入するのか？

このブランド哲学（魂）の見極めができなければ、商品開発の方向性＝コンセプトも見えてこないのです。そしてブランド哲学とは、他社との比較優位性に止まらず、変えてはならない絶対優位性と言えるでしょう。

例えば、ハーレー・ダビッドソンの哲学は「無骨な生き方」「反逆精神」です。仮にモデルチェンジしたバイクが、「エリート好みのスタイリッシュな」デザインに一新されたとしたら、顧客離れが進むに違いありません。

ヴァージングループは航空業界やＣＤショップ、果ては宇宙ビジネスにまで進出していますが、顧客の多くは納得でしょう。なぜなら同グループの哲学は「革新」「挑戦」だからです。

ブランド哲学やイメージを無視[※]した商品開発で失敗したのが、ジーンズのリーバイスです。過去に「荒々しい野性味」とは対極にある高級スーツを発売。「選ばれる理由」のない高級スーツは、やはり売れませんでした。

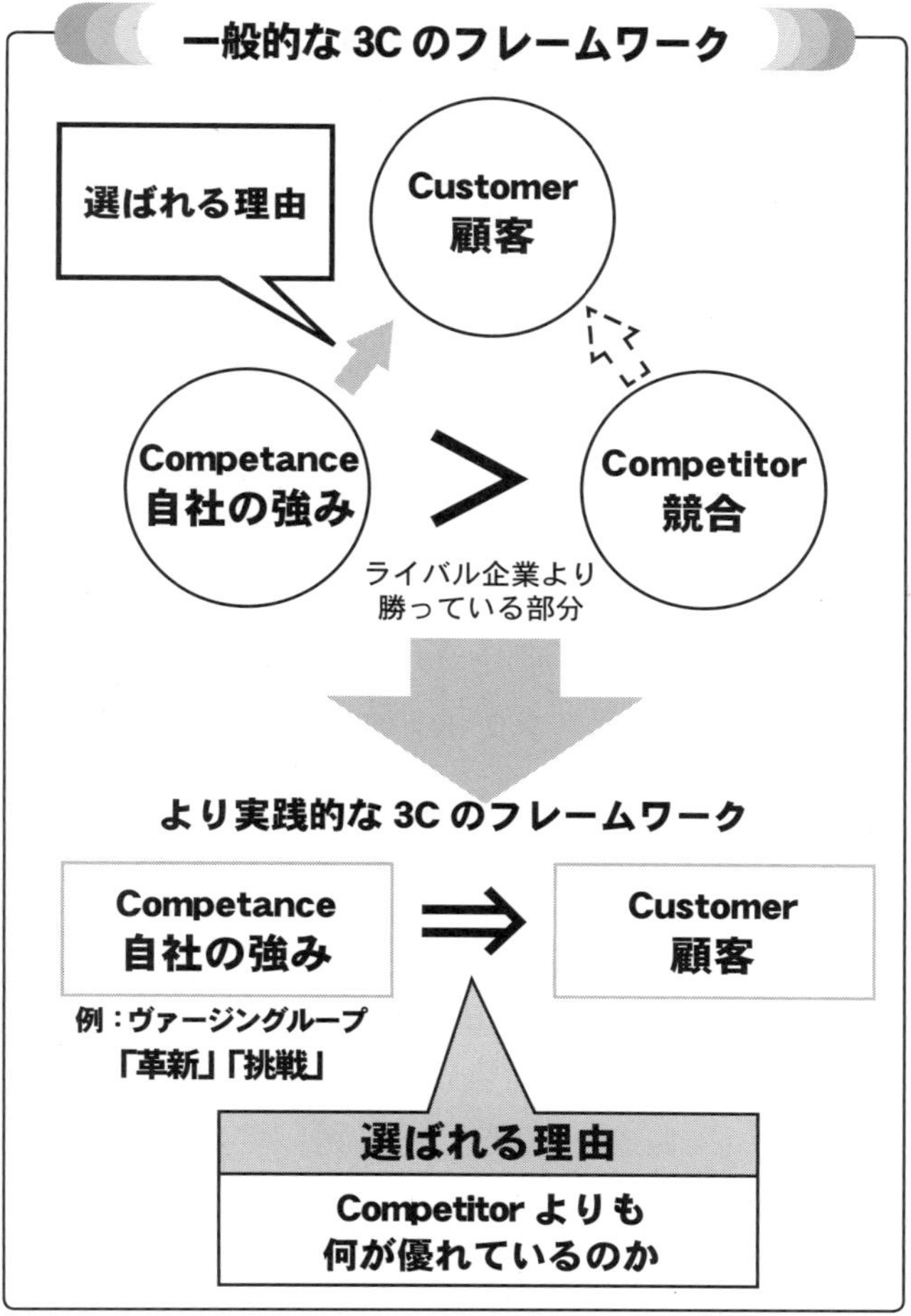
一般的な 3C のフレームワーク
選ばれる理由
Customer
顧客
Competance
自社の強み
Competitor
競合
ライバル企業より
勝っている部分
より実践的な 3C のフレームワーク
Competance
自社の強み
⇒
Customer
顧客
例：ヴァージングループ
「革新」「挑戦」
選ばれる理由
Competitor よりも
何が優れているのか

コンサル的 Suggestion

ブランド哲学は具現化する
機能と結びついてこそ価値を生む
人気のコンセプトは踏襲しつつ
適切な機能強化を図るべし

問題設定上は人気車種なのですから、ブランド哲学から導き出されたコンセプトは間違っていないと考えるのが基本です。必ずしも選択肢が答えとは限りません。

■自動車メーカーのブランド想起

自動車メーカーのブランド哲学を具体的に見てみましょう。

まずは欧州系メーカーから。ＢＭＷは「駆け抜ける歓び」ですし、ボルボは「安全性」、ポルシェなら「絶対的な速さ」ですね。「高級感」と言えばメルセデス・ベンツでしたが、最近は少し崩れているような気がします。

次に国内メーカー。トヨタ自動車は「高品質・技術」で、ホンダは「エンジン」、ここ数年の日産自動車であれば「個性・内装」でしょう。

これら、そのブランド名を聞いて消費者が即座に思い浮かぶイメージを、コンサルタント用語では〝ブランド想起〟と言います。ナイキの「Just Do it」は、ブランド想起の典型です。

各自動車メーカーのブランド想起の事例

BMW	駆け抜ける歓び
ボルボ	安全性
ポルシェ	絶対的な速さ
メルセデス・ベンツ	高級感
トヨタ	高品質・技術
ホンダ	エンジン
日産	個性・内装

想起されるイメージに合わない商品の失敗確率が高いのは、消費者心理からしても当然なのです。

そう考えると、米国メーカーのイメージが浮かびにくいと思いませんか？　かつての「大きくて馬力がある」は今や時代の流れに合っていません。

■哲学と機能を結びつける

ブランド哲学・イメージは非常に重要ですが、それだけではブランド価値は生まれません。商品化にあたっては、哲学を具現化する機能の裏打ちが必要なのです。

ＢＭＷのクルマを検証してみます。「駆け抜ける歓び」を具現化するため、ＦＲの50／50の重量バランスにこだわり、エンジンはあくまでシルキーシックスと称される直列6気筒。ニュートラルなハンドリングなどで路面をかむコーナリングを実現しています。

ポルシェの絶対的な速さは「ミッドシップエンジン」に支えられていますし、トヨタの高品質は「世界に冠たるカイゼン技術」の賜物です。

哲学と機能

■ BMW の例

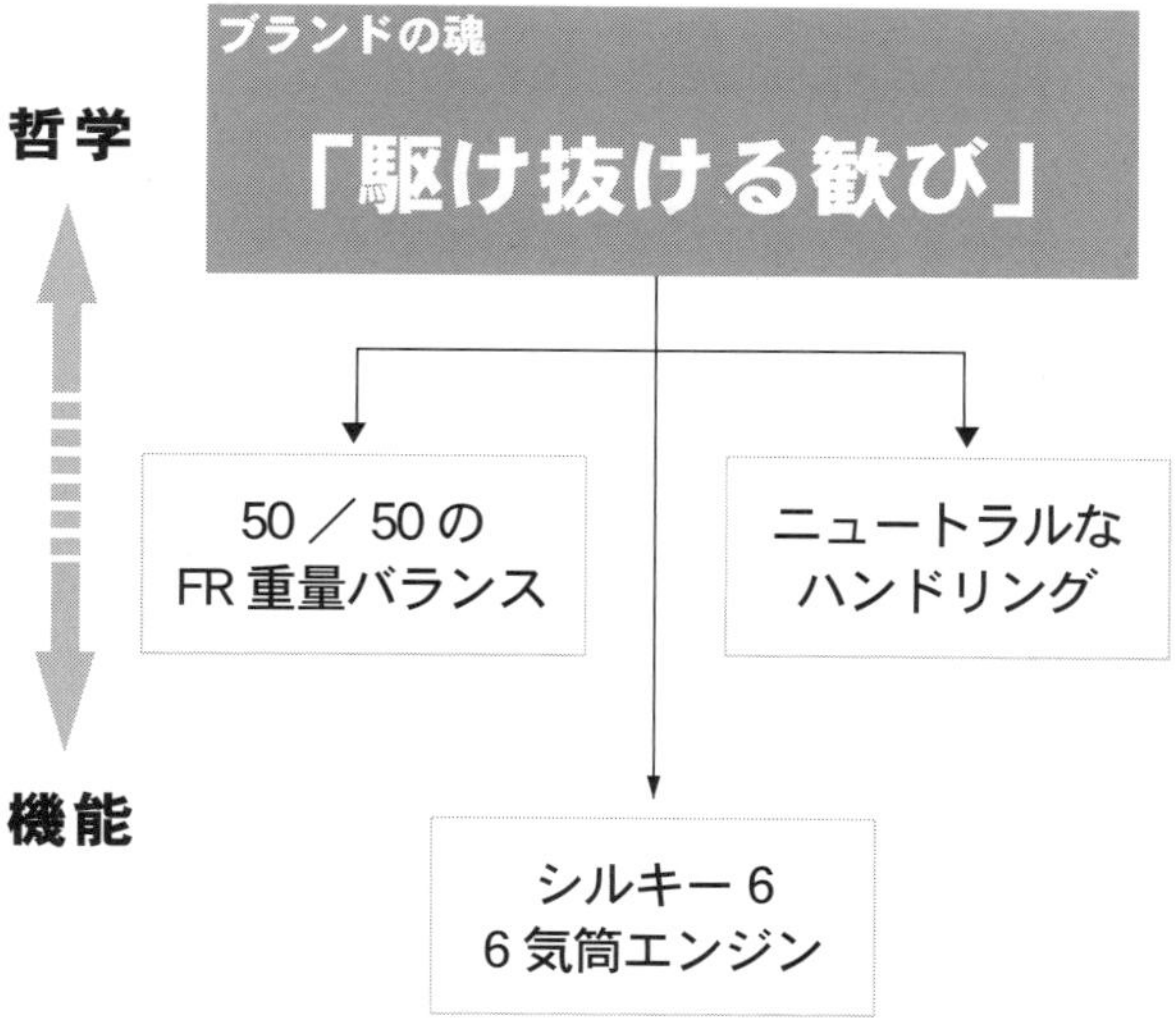

「哲学」と「機能」が結びついている

正解

なし

A 最も売れている競合車種を意識し、それを上回る機能を持った車にする ……△

B 現在のデザインは踏襲し、最先端技術を駆使した性能アップを目指す ……△

C 人気車種としてのアイデンティティーを保つため、大幅なデザイン変更や機能変更は行わない ……×

D すべての面で新しいコンセプトを導入し、新車として生まれ変わらせる ……△

解説

Aの「最も売れている競合車種を意識し、それを上回る機能を持った車にする」は△です。ブランド哲学やコンセプトに合った機能を最新化する必要はありますが、それらを意識しない機能強化を正解にはできません。

ただし、競合車種と比べ、コンセプトに合った機能や環境対応などの必須技術が劣っているのなら、この方法が正解と言えます。

Bの「現在のデザインを踏襲し、最先端技術を駆使した性能アップを目指す」も△です。必ずしもブランド哲学やコンセプト＝デザインではないからです。BMWも、01年発表の7シリーズのモデルチェンジから、新しいチーフデザイナーの手によるデザイン変更を実行しています。が、ブランド哲学とデザインが密接な車種もあり、その場合は正解になるからです。

C の「人気車種のアイデンティティーを保つため、大幅なデザイン変更や機能変更は行わない」は不正解です。電子制御化や環境対応技術の進化が激しい自動車業界では、技術革新についていかないと淘汰されるからです。

ホンダは05年7月、90年発売のスポーツカー「ホンダNSX」の年内生産中止を発表しました。数度のマイナーチェンジをしましたが、性能面での向上は少なかったと言います。

D の「すべての面で新しいコンセプトを導入し、新車として生まれ変わらせる」は△です。「根強い人気」車種という問題設定なので、コンセプト自体は間違っていないと考えられるからです。

しかし、※**コンセプトが痛んでいる**との設定なら、正解でした。実際、日産は「セドリック／グロリア」を「フーガ」に、「パルサー／サニー」をデザイン・内装重視のコンセプトの下、「ティーダ」に生まれ変わらせました。

用語

ブランド哲学やイメージを無視

2005年7月、玉塚社長が辞任し、創業者の柳井正氏が現場復帰したファーストリテイリング（ユニクロ）の野菜販売事業もそう。02年10月に進出したものの、1年半後の04年3月に完全撤退した。「衣料品」のイメージが強い消費者にしてみれば、「なぜ野菜なの？」となる。

コンセプトが痛んでいる

04年11月、トヨタの「マークⅡ」は「マークX」に生まれ変わった。マークⅡは68年の発売以来、カローラに次ぐ同社の主力車種だったが、ユーザー志向の変化により、存在感が薄まっていた。そこで「新時代の目標となるクルマ」という新しいコンセプトの下、新車種として開発された。

Chapter3.商品マーケティング・企業ブランディング系

例題③

ブランド戦略

よくあるSituation

高級路線で知られる国内中堅アパレル。新ブランド立ち上げのマーケティング展開は？

問題

中堅アパレルメーカーでは、高級婦人服（ミセス向け）路線を貫き、一定の地位を確立している。しかし、最近は海外の高級（ラグジュアリー）ブランドに顧客を奪われ続けており、新ブランドの立ち上げで巻き返しを図れないか何度も検討してきた。

このメーカーでは、高級ブランドのイメージを上手く活用しつつ、新ブランドによる売上拡大の実現をゴールに設定している。ゴール達成には、どのようなマーケティング展開が必要だろうか？

A 現在の販売チャネルが持つ顧客属性を検討し、新ブランドの開発を行う

B 現ブランドの中で、低価格商品の開発強化と打ち出しに重点を置き、販売チャネル戦略を中心に考える

C サブブランドでリーゾナブルな商品を打ち出し、派手な広告宣伝で仕掛けていく

D 競合他社の成功事例を分析し、徹底的に模倣した新ブランドを立ち上げる

Key Word

●マーケティング４Ｐ

ブランド展開戦略の二つの軸

問題の高級婦人服ブランドは老舗百貨店での販売力が強く、ミセスたちに支持されていました。しかし、現在は既存顧客の年齢層が上がり、ミセス層からは「おばさん臭い」と敬遠されがち。海外高級ブランドに顧客が流れている状況では、新ブランドの立ち上げが不可欠と考えているのです。

ブランドは高級層向けからミドル層、さらにはマス層への展開が、成功しやすいとされています。三つの層は、ミドルからマスにいくほど市場規模が大きい反面、商品単価は下がるため、利益率は相対的に減少します。

また、ミドルやマスのイメージが強くなりすぎると、本来持っていた高級ブランドのイメージが保てないリスクが発生します。

実際のブランド展開戦略では、サブブランドの立ち上げや別業態の開発が行われるケースが増えています。元々の高級ブランド内で商品ジャンルと価格帯を多様化するより、ブランド価値を損なうリスクが少ないからです。

例えば、高級ブランドの「エルメネジルド・ゼニア」は、日本市場でヤングカジュアル向けの「E.Z BY ZEGNA」を展開しています。高級レストランのミクニとキハチは、それぞれ高級回転寿司、カジュアルレストランなどの新業態開発に成功しました。

■バーバリーのブランド戦略

現実には、高級層からマス層へという軸のほかに、シニア層から若者層への軸があることに気づきます。

１９９０年代後半、伝統的な英国紳士服だった「バーバリー」は、**ロゴ変更**※を含むブランド戦略の刷新を実行。従来の高級イメージはそのままに、若者層やレディース向け商品の開発と充実を図りました。

日本ではさらに**国内代理店**※の三陽商会が中心となって、ヤングメンズ対象の「ブラックレーベル」とヤングレディース対象の「ブルーレーベル」を独自展開しています。対象年齢はグッと下がるものの、高級ブランドのイメージは保ったままです。価格帯もヤング向けの中では、高い部類に入ります。

今のイメージを活用した新ブランド開発は、どうすれば可能でしょうか？

高級からミドル、マスへのピラミッド図

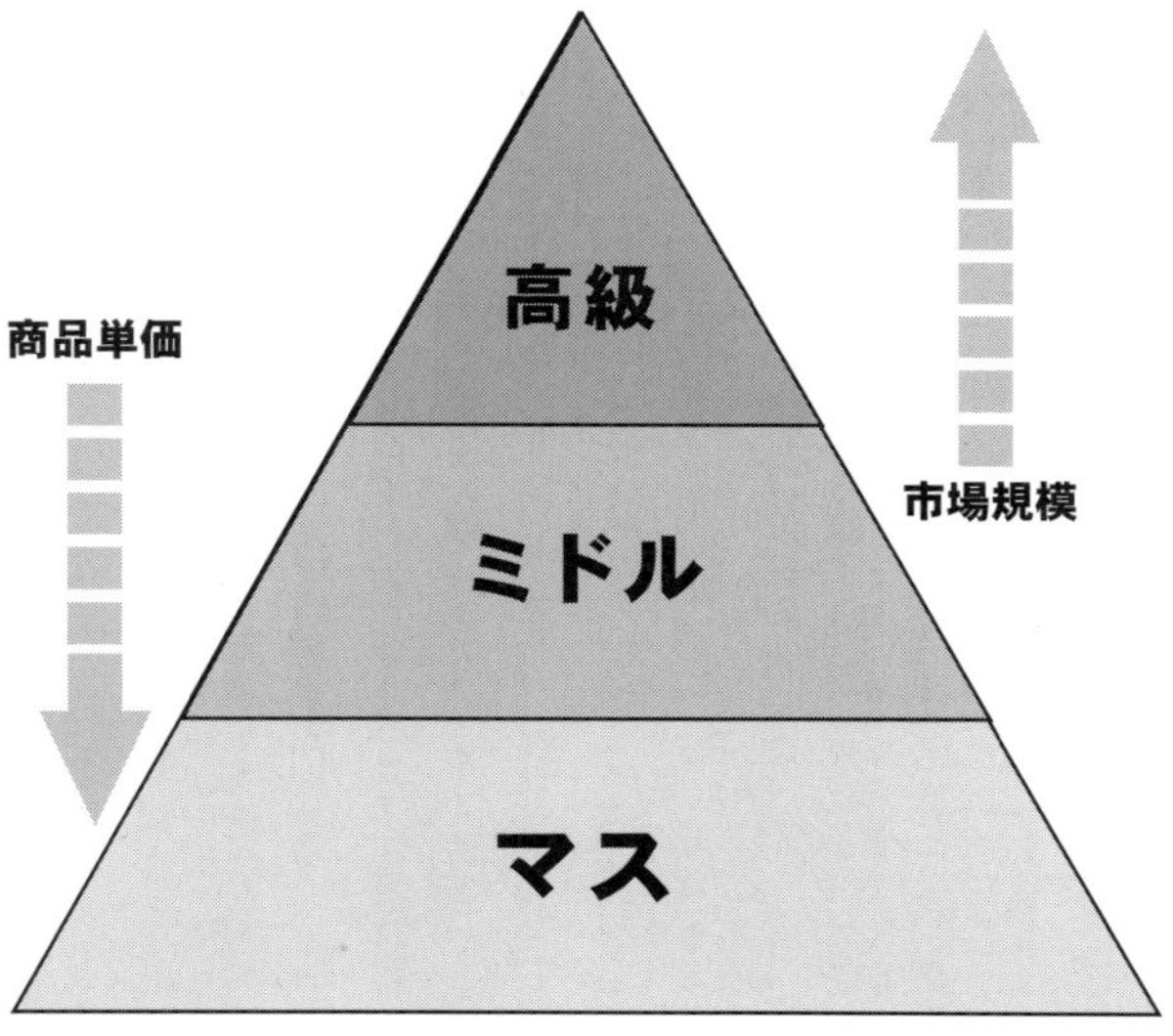

コンサル的 Suggestion

マーケティング戦略の基本 4PではProductが最重要 商品コンセプトを固め そこから残りの三つを決める

商品、価格、販売チャネル、プロモーションからなるマーケティング4Pは、すべての商品・サービスに共通する基本的なフレームワークです。商品コンセプトが固まると、残りの3Pは自然と決まってきます。

■マーケティング4Pを知る

新ブランド（商品）を立ち上げ（開発）、成功させるには、四つの戦略が必要です。これをマーケティング4Pと言います。

4Pとは、Product（商品）、Price（価格）、Place（販売チャネル・流通）、Promotion（広告PR・イベント）の頭文字のこと。4Pの間で整合性の取れた最適な組み合わせを考えなければならないのです。

マーケティング4Pは、どんな商品・サービスにも共通するマーケティング戦略の基本。マーケッターに限らず、すべてのビジネスパーソン必須のフレームワークです。ぜひ、この機会に覚えて実践してください。

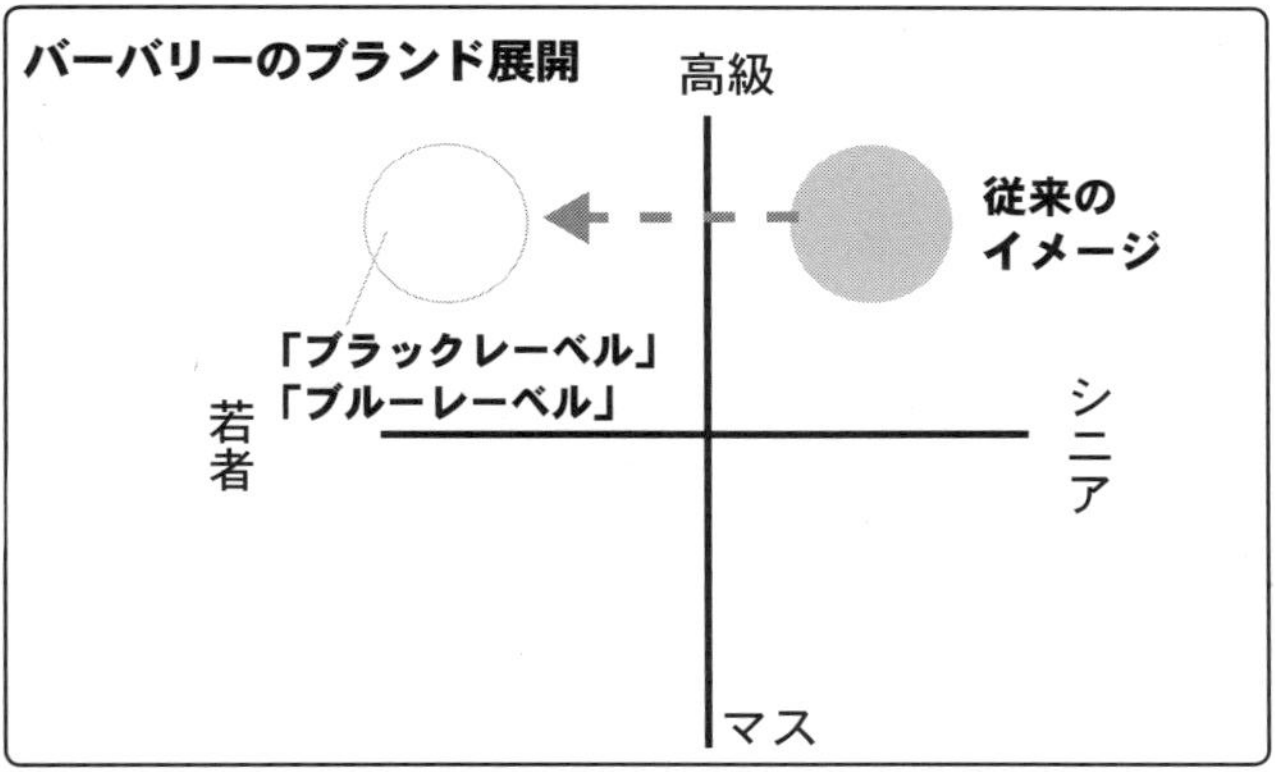

■まずは商品コンセプトを固める

4P戦略は、それぞれが並列の関係ではありません。もっとも重要で、最初に決めるべき要素は、Product のP＝商品コンセプトです。

これが固まると、あとの3Pは自然と決まってくるからです。

問題編で紹介したバーバリーの「ブラックレーベル」と「ブルーレーベル」の例で検証してみましょう。

「高級ブランドのイメージを保ったまま、若者層をターゲットにする」が、商品コンセプトです。

当然、Price（価格）は「高め」です。あえて高価格を維持することで高級品であることのシグナルを出すことが必要だからです。Place（販売チャネル）は「直営店か高級デパート、有名ファッションビルのインショップ。他ブランドとの仕切りがない平場での販売は避ける」べきです。とくに直営ブランドショップでブランドのコンセプトや雰囲気を顧客に伝えることが不可欠。Promotion（広告ＰＲ）は「マス広告ではなく顧客層を絞り込んだターゲット広告が最適」になります。

このブランドの場合、家電量販店が新聞に折り込むチラシのような広告はブランド価値の低下を招いてしまうのですから。

マーケティング 4P

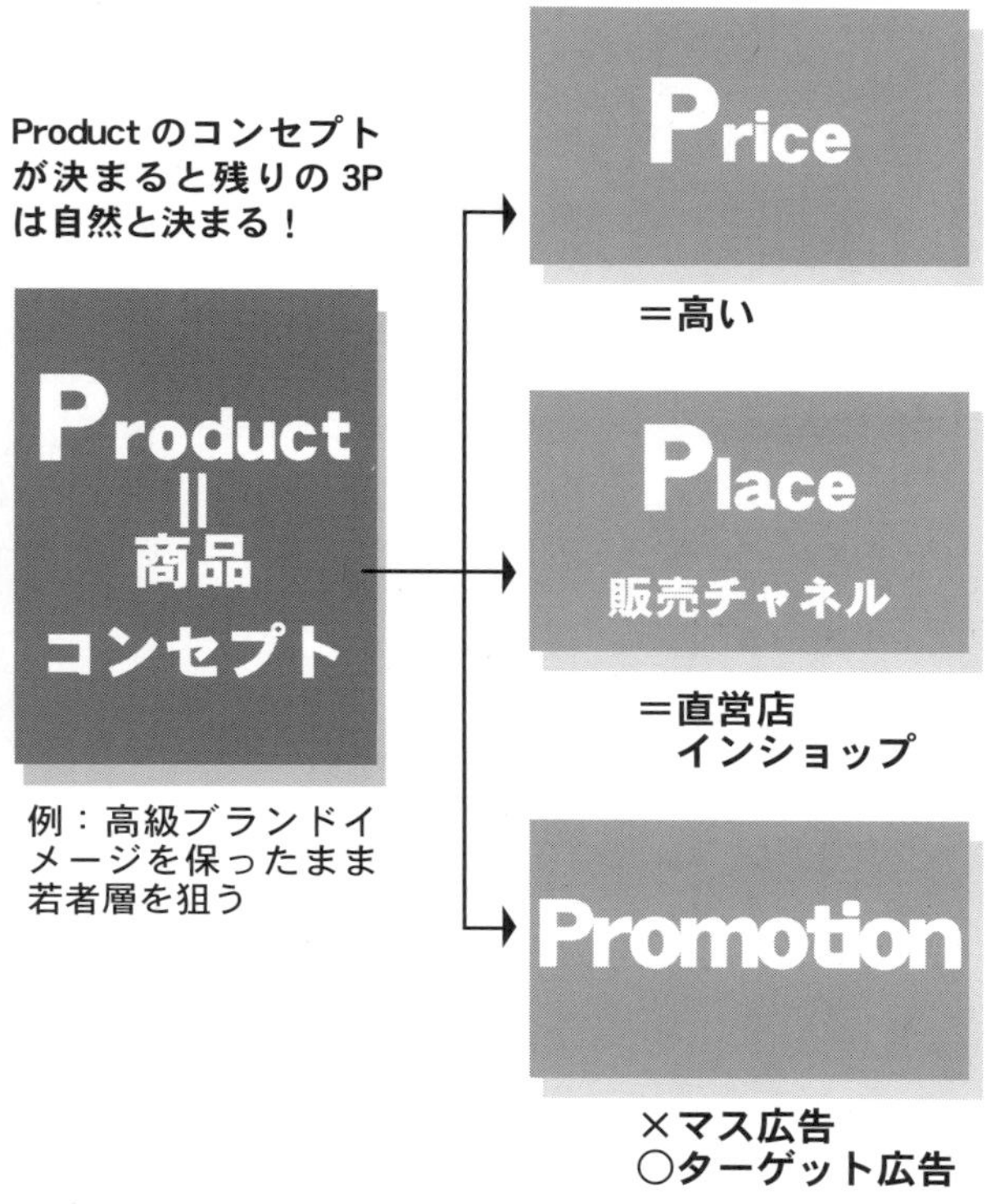

Productのコンセプトが決まると残りの3Pは自然と決まる！
Product
||
商品
コンセプト
例：高級ブランドイメージを保ったまま若者層を狙う
Price
＝高い
Place
販売チャネル
＝直営店
インショップ
Promotion
×マス広告
○ターゲット広告

正解

なし

A 現在の販売チャネルが持つ顧客属性を検討し、新ブランドの開発を行う ……△

B 現ブランドの中で、低価格商品の開発強化と打ち出しに重点を置き、販売チャネル戦略を中心に考える ……×

C サブブランドでリーゾナブルな商品を打ち出し、派手な広告宣伝で仕掛けていく ……×

D 競合他社の成功事例を分析し、徹底的に模倣した新ブランドを立ち上げる ……×

解説

Aの「現在の販売チャネルが持つ顧客属性を検討し、新ブランドの開発を行う」は△です。おばさん度の高い現在の顧客データからは、「ブルーレーベル」のようなコンセプトは生まれないと考えられます。

とはいえ、基本的には満足だが、「もう少し派手な色使いがほしい」や「若く見えるデザイン、シルエットの服が着たい」などの顧客ニーズが見つかるかもしれません。

そうしたニーズを満たす新ブランドが開発できれば、少ないリスクでの立ち上げが可能です。コンセプトを見直したうえで、残った3Pの検討をしていれば正解でした。

Bの「現ブランドの中で、低価格商品の開

発強化と打ち出しに重点を置き、販売チャネル戦略を中心に考える」は不正解です。新ブランドを立ち上げる必要性は重々感じているが、現ブランドのリニューアルという選択が現実的かもしれません。

が、「高級がダメだから低価格だろう」では、そこにロジックが存在しないからです。

しかも、高級品と低価格商品が同じ売り場に並んだり、低価格商品が平場やスーパーでディスカウント販売されたとたん、高級ブランドのイメージは一気に失墜してしまいます。

Cの「サブブランドでリーゾナブルな商品を打ち出し、派手な広告宣伝で仕掛けていく」も不正解です。海外の高級ブランドに比べれば割安でも、時代遅れ気味の高級ブランドとしては割高。だとすると、リーゾナブルなサブブランドが受け入れられる可能性は十分あります。

ただし残念ながら、販売チャネルの検討ができていません。よって間違いです。

Dの「競合他社の成功事例を分析し、徹底的に模倣した新ブランドを立ち上げる」もまた不正解です。新ブランド開発のため、競合他社の成功事例を分析するのは間違いではありません。

しかし、そのあとがいけません。「徹底的に模倣した」新ブランドには、明確な商品コンセプトもブランドとしての尖り、魂も皆無。消費者が魅力を感じるはずがないからです。

用語

ロゴ変更

「Burberry」から「BURBERRY」に変更された。

国内代理店

一部の高級ブランドを除き、海外ブランドの多くは日本のアパレルメーカーや商社などを国内代理店（ライセンシー）とする契約を結んでいる。そのため、日本市場独自のブランド展開、商品開発が盛ん。「E.Z BY ZEGNA」「ブラックレーベル」「ブルーレーベル」も、販売は日本国内に限られている。

Chapter3.商品マーケティング・企業ブランディング系

例題④

差別化の実践

よくあるSituation

スーパーでラム肉の販売を増やす。どんな販促物を作成したら効果的か？

問題

大手スーパーの生鮮食料品担当から、本部のマーケティング担当に就任した。本部の上司は、ジンギスカン料理の専門店が各地にオープンするなど、ラム肉の人気が高いことに注目している。

そこでラム肉の販売強化に効果的な広告と店内POP、チラシを作成するよう言われた。これまでは接客販売を得意としており、販促物を作成するのは初めての経験である。一体どんな内容にしたらよいのだろうか？

A 他の肉と比べ、臭みがあるが価格が安いことを訴える

B ラム肉の栄養素を列挙して、ヘルシーな食材であることを訴える

C ダイエットに効く食材であることにフォーカスして、シンプルなメッセージを打ち出す

D 販促物に頼らず、お肉相談係を売り場に配置して店頭販売を行う

Key Word !

●マーケティングの２ステップ

売り方の違いで差別化を実践

2004年3月に顧客情報の流出が発覚した**テレビショッピングのジャパネットたかた**※。新規参入が相次ぐテレビショップ界で、同社の存在感は際立っています。

親しみやすいキャラクターが人気の高田明社長は、『プレジデント』02年10月14日号で自身（自社）の商品紹介姿勢について語っています。

「私は、商品に10の特性があるとしたら、そのすべてを話すことはない。まず五つに絞る。そして五つのうちの一つに半分以上の力を注いで、その特性を強調する」

高田氏の商品紹介を見ると、「ほら、こんなに簡単」とか「奥さん、これが便利なんですよ」などと一点強調的に説明しているのがよくわかります。表現も専門用語は極力避けています。

「自分が驚いたり惚れこんだ特質を、ストレートに語りかければいいのだ。お客様が知りたいのは、決して商品の機能などではなく、『どう使えるか』に尽きるからだ」と明確に認識しているからです。

■すべての質問に答える接客

不振が続く大手家電量販店の中で、ヨドバシカメラは異色の存在です。業界トップの利益率を誇っています。その代わり、**店舗数**[※]の拡大は最小限に止め、商品ジャンルも絞り込んでいます。品揃えと販売員の商品説明力は業界随一と言われています。

新宿西口本店の取り扱い商品は、カメラやパソコン関連を中心に53万アイテム。「1年に一つしか売れないマニアックなカメラのアクセサリーも取り揃えている」と言い、ひいきにするプロのカメラマンが少なくありません。

商品知識を身につけ、接客の質を維持するため、年間365日の研修を実施。研修内容は単なる商品知識の枠を超え、メーカーの戦略転換や商品開発動向にまで及びます。「顧客がどんな質問をしてきても答えられる」接客販売を目指しているのです。

両社は同ジャンルの商品を扱い、どちらも業績好調ながら、商品アピールの方法は対照的です。

ラム肉の販促物なら、どんなアピール方法が効果的だと思いますか?

マーケティングの２ステップ論

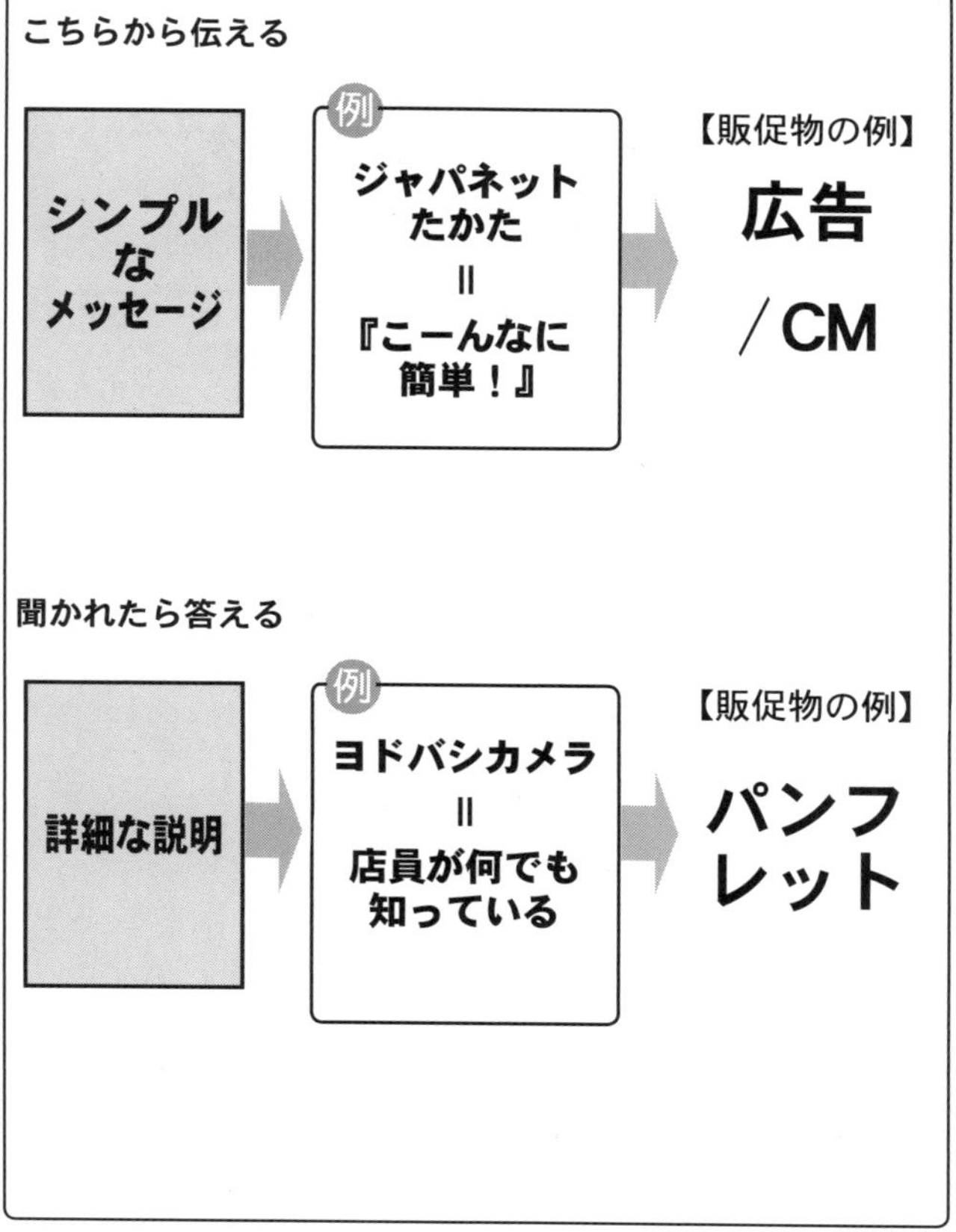

コンサル的 Suggestion

**あれもこれもと欲張らず
膨大な商品情報の中から
顧客がもっとも興味を惹く部分を
シンプルなメッセージで訴える！**

売り手や生産者側はできるだけ多くのメッセージを送りたがります。が、消費者の興味・関心が高まっていない段階では、かえって逆効果です。まずはシンプルなメッセージで消費者の興味を惹きましょう。

■ラム肉がなぜ人気なのか

なぜ、ラム肉の人気が高いのでしょうか？　複数の理由が挙げられます。

まずは冷蔵ラム肉の輸入量が急増したことです。羊肉と言えば、以前はマトンでした。マトンは生後1年以上経った羊の肉で、特有のにおいがあります。「安いが臭みのある肉」というマイナスイメージが定着していたため、消費が伸びなかったのです。生後1年未満で臭みの少ないラムでも、風味の落ちる冷凍ラムがせいぜいでした。

ところが、冷蔵技術の進歩により、オーストラリアやニュージーランドから鮮度と風味を保ったラム肉が輸入できるようになったのです。需要が増えているので、ラム肉の価格は他の肉と比べ安価なままです。

次にBSE（牛海綿状脳症）と鳥インフルエンザ問題の深刻化です。その結果、牛肉と鶏肉の輸入量が激減しています。

最後にヘルシー志向の高まりです。牛や豚より脂身が少なく、「肉は食べたいが脂肪の多い食材はイヤだ」という消費ニーズに合致したのです。

■顧客の立場で翻訳する

販促物作成のヒントは、マーケティングの2ステップ論です。

テレビCMや広告、POPといった供給側から伝える販促物では、〝シンプルなメッセージ〟がもっとも効果的。売り手はアレコレ説明したがりますが、消費者はいきなり説明をクドクド聞きたくないのです。

だから、ジャパネットたかたの高田社長は、10ある商品特性のうち、消費者の立場で選び抜いた一つしか強調しないのです。その一つにしても、メーカー側の言語は使わず、自分が消費者言語へと翻訳し「こんなに簡単」「これが便利」とシンプルにアピールしています。

このシンプルなメッセージを伝えるステップ1は、マーケティングの必要十分条件です。そしてヨドバシカメラの接客のように、「顧客から質問されれば詳細な説明を行う」はステップ２の十分条件なのです。詳しい商品情報を記したパンフレットは、ステップ２の販促物にあたります。

最初はステップ１の方法で興味・関心をもってもらい、もっと詳しく知りたいという人にはステップ２の対応が必要になります。

ラムの商品情報

お客さまの興味を引く
⇒シンプルなメッセージ

「ダイエットに効く！」

正解 C

A 他の肉と比べ、臭みがあるが価格が安いことを訴える ……△

B ラム肉の栄養素を列挙して、ヘルシーな食材であることを訴える ……△

C ダイエットに効く食材であることにフォーカスして、シンプルなメッセージを打ち出す ……○

D 販促物に頼らず、お肉相談係を売り場に配置して店頭販売を行う ……△

解説

A の「他の肉と比べ、臭みがあるが価格が安いことを訴える」は△です。低価格に惹かれて買う消費者もいるので、間違いとは断言できません。ただ、これでは「安かろう悪かろう」的なメッセージが伝わってしまいます。販売量はさほど増えないでしょう。

B の「ラム肉の栄養素を列挙して、健康食品であることを訴える」も△です。いきなり栄養素を列挙されても、消費者は困惑するだけです。正解とは言えないのですが、全く別のメッセージを送っているため、販売量が増える可能性もあるからです。

C の「ダイエットに効く食材であることに

フォーカスして、シンプルなメッセージを打ち出す」が正解です。「※**ダイエットに効く**」は、ラム肉の最大のアピールポイントです。それを「お肉は食べたいが、太りたくない」という消費者心理に響くキャッチコピーに落とし込めれば、販売量の大幅増が期待できるからです。

D の「販促物に頼らず、お肉相談係を売り場に配置して店頭販売を行う」は△です。ステップ1のシンプルなメッセージを伝えたあとなら、この方法は効果的です。が、ラム肉への興味・関心が高まっていない現状では、正解になりません。

用語

テレビショッピングのジャパネットたかた

正確には、テレビやラジオなどの電波媒体を中心に、チラシやカタログ、さらにはインターネットを活用した「メディアミックス」の通信販売企業である。品揃えも多品種と思いがちだが、実際は選び抜いた商品だけを販売している。厳選商品の大量仕入れによるコスト削減効果もある。

ヨドバシカメラの店舗数

大都市圏の駅付近中心に20店舗（07年12月時点）。05年9月にJR秋葉原駅前に売り場面積2万7000㎡の大型店舗、11月にはJR横浜駅西口に同3万㎡の大型店舗がオープンした。ちなみに売上高業界トップのヤマダ電機は、全国に約300店を構えている。

ダイエットに効く

実際の販促物作成にあたっては、不当表示にならないよう十分な配慮が必要だ。食品の表示や広告には「薬事法」や「不当景品類及び不当表示防止法」、場合によっては「食品衛生法」や「栄養改善法」、「JAS法」などの法律で表現に規制がかかっているため。

Chapter3.商品マーケティング・企業ブランディング系

例題⑤

効果測定

よくあるSituation

測定しにくい広告やイベント効果。客観的な指標作りに取り組むべきか否か？

問題

マーケティング部で働くあなたは、広告やダイレクトマーケティングを担当している。マーケティング部では最近、金融機関から転職してきた人材が部長に就任した。部長はいかにも金融出身らしく、広告やイベントなどの効果をなんらかの指標を使って測定し、管理したいと言い出している。

ただでさえタイトなスケジュールの下で仕事をしているし、マーケティングでは正確な効果測定が難しいのは常識。あなたはどんな対応をすべきだろうか？

A 評価指標を作ることによって業務内容が増えるので、見送る

B 客観的な指標を作ることは不可能なので、導入はしない

C なるべく多くの指標を採用し、客観性を担保する

D あくまで参考値として、いくつかの指標を採用する

Key Word !

●マーケティング指標 ●プッシュとプル

効果測定は不可能？

広告やイベントの厳密な効果測定が難しいのは確かです。では、効果測定は不可能なのでしょうか？　もし不可能だとしたら、企業が広告を打ち、イベントを開催する意味がなくなってしまいます。

２００５年7月から、ＪＲ東日本と日本テレコムは約1年間の予定で、無線を活用した車内広告をスタートさせました。デジタル液晶モニター型の中づり広告を設置した車両を京浜東北線に導入しました。

無線ＬＡＮを通じてタイムリーに送信される動画でニュースや広告を流し、動画の音声はＦＭラジオでも聴くことができます。乗客の反応や広告効果を見極め、他路線への拡大を検討すると言います。山手線車両の動画広告の更新が日に一回なのに対し、無線活用では最新情報の更新が可能です。

デルは05年、秋葉原の電気街に最大規模の直販店舗をオープンしました。店内には、パソコンやディスプレイ、プリンターなど、個人向け機器を展示しています。同社は店舗を通さないダイレクト販売がメインですが、秋葉原に直販店舗を設けることで、広告効果を狙う戦略です。

■吉本イベントで集客力アップ

吉本興業はSC（ショッピングセンター）運営大手のイオンモールと協力し、高校生を対象にした**お笑いコンテスト**※を全国各地のSCで開催します。「M－1（エムワン）甲子園」と題するコンテスト型のイベントで、吉本興業は新人タレントの発掘に役立てる考え。SC側は集客力アップの目玉にする狙いです。

「M－1甲子園」の開催は07年で5回目。吉本興業が毎年夏に開催しています。イオンモールのSCを含む全国のSCで予選を行い、予選を勝ち抜いた高校生漫才コンビらが大阪市の「なんばグランド花月」で決勝戦を戦います。

デルは言うまでもなく、ダイレクト販売のビジネスモデルを確立し、パソコン販売では世界シェアトップのメーカーです。広告効果を狙った出店をする以上、出店後の効果測定基準も明確なはずです。JR東日本などの他社にしても、広告・イベント効果の評価基準なしの意思決定はありえません。

さて、マーケティング部で働くあなたはどんな対応をしますか？

新商品のプロモーション費用例

新聞一面広告	…2000万円
雑誌広告2面（カラー）	…200〜300万円
イベント（都内に数台のラッピングバスを走らせる）	…1000万円
テレビスポット	…1〜2億円
大ホールのイベント	…3億円

総計：数億円

⇒果たしてその効果は？

コンサル的 Suggestion

指標を作らない
導入しないは言語道断
１００％の客観性はなくとも
評価の参考値は必要

１００％の客観性が確保される絶対的な指標はありません。しかし、だからと言って、何もしないのではビジネスパーソン失格です。マーケッターの業務に適した評価指標の導入方法を考えましょう。

■マーケ＝売れる仕組みづくり

マーケティングとはそもそも、「売れる仕組みづくり」のことです。

収益インパクトの見極めができないマーケッターには、その資格がありません。

そして広告・イベントなどの効果測定に有効なマーケティング指標は、いくつもあります。

ハナから「できっこない」と決めつけているため、見えてこないだけなのです。

■こんなにある評価指標

代表例を挙げてみましょう。

①新規顧客の獲得コスト

新規顧客の獲得に要したマーケティング費用の総額を、実際の獲得数で割ると、一人当たりの獲得コストがわかります。獲得コストが顧客生涯価値※（一人の顧客が生涯を通じて企業にもたらすであろう利益の総額＝ＬＴＶ）と比べて割高なら、改善の必要があります。

②広告・販促活動による売上増効果

広告出稿・販促キャンペーン直後の売上と通常時の売上を比較すると、何％の売上増効果があるのかを把握できます。売上がほとんど変わらないのであれば効果がないわけですし、逆に十分な効果があれば予算の追加が必要かもしれません。

③対売上マーケティング費比率

総売上に占めるマーケティング費用の割合を計算します。その相関関係や競合他社との比較などにより、自社商品に最適なマーケティング費用比率を導き出します。

④プッシュ費用とプル費用比率

マーケティング費用におけるイベント等のプッシュ※費用と広告等のプル※費用比率を計算し、その見直しや適正比率の意思決定に役立てます。

これらはあくまで一部にすぎません。また、それぞれに媒体別やプロモーションの種類別、商品別、期間別といった切り口が考えられます。

■経営の意思決定に必要な指標を

つまり、その気になって効果測定しようと思えば、評価指標のパターンは無限に存在するのです。１００％の客観性が不可能だからと言って、指標作りや導入をしないというのは、単なる言い訳にすぎません。

問題はどの指標をどんなパターンで組み合わせて導入するか、です。さらにもっとも肝心なのは、「経営の意思決定に必要な指標だけを選んでトラックする」こと。経営の意思決定に役立つ参考指標が出せれば、それでよいのです。

いろいろなマーケティング指標がある

指標（例）	計算法
●新規顧客獲得コスト	マーケティング費用／獲得数
●広告販売活動による売上増効果	広告出稿時の売上 ／ 通常時の売上
●マーケティング費率（対売上）	マーケティング費用 ／ 総売上
●プッシュ vs プル比率	プッシュ：プル（イベント etc）（広告 etc）
⋮	

肝心なのは…経営の意思決定に必要な指標だけをトラックすること

- ●媒体別
- ●プロモーションの　種類別
- ●商品別
- ●期間別

やろうと思えば組み合わせは無限に存在する
※ 100％の客観性はない

正解

D

A 評価指標を作ることによって業務内容が増えるので、見送る ……×

B 客観的な指標を作ることは不可能なので、導入はしない ……×

C なるべく多くの指標を採用し、客観性を担保する ……△

D あくまで参考値として、いくつかの指標を採用する ……○

解説

Aの「評価指標を作ることによって業務内容が増えるので、見送る」は不正解です。マーケッターとしての職務を全うしていないからです。広告やイベントの企画制作といったクリエイティブな仕事に加え、経営視点での効果測定やコストマネジメントも重要な仕事なのです。

Bの「客観的な指標を作ることは不可能なので、導入はしない」も不正解です。これはマーケッター以前の問題ですね。何もしない、やりたくもないことへの言い訳でしかないからです。ビジネスパーソン失格の烙印を押されてしまいます。

Cの「なるべく多くの指標を採用し、客観

性を担保する」は△です。意思決定の精度は70～80％くらいまで上がるでしょうが、作業時間がかかりすぎ、本来の仕事に支障をきたしてしまうからです。ただ、「なるべく多く」の程度が仕事に影響しないリーゾナブルな範囲内なら、正解になります。

Dの「あくまで参考値として、いくつかの指標を採用する」が正解です。もともと100％の客観性は不可能なのですから、経営の意思決定に必要な参考値で十分なのです。おそらく本当に役立つ指標は二つか三つ。時間確保型スケジュール（239ページ参照）を使えば、無理なくこなせるはずです。

用語

お笑いコンテスト

お笑いブームを反映し、大規模なコンテストも盛ん。M－1甲子園は高校生対象だが、若手お笑いコンビ向けのM－1グランプリ、ピン（独り）芸人向けのR－1グランプリもある。

顧客生涯価値＝ＬＴＶ（Life Time Value）

顧客が生涯を通じて企業やブランドにもたらすであろう利益のこと。ＬＴＶとは、顧客シェアを長期的な視点で捉えたもの。購入額は大きいが、移り気な顧客。利用額は多くないが、長年愛用してくれる顧客。既存顧客の維持コストと比べ、新規顧客の獲得コストは相対的に高い。ＬＴＶは後者のほうが大きい可能性がある。

プッシュ（戦略）

自社商品・サービスの流通・販売プロセスにおいて、流れの上から下へと働きかけるマーケティング戦略のこと。メーカーなら卸売業者や小売業者に対する販売サポートや報奨金、各種イベント、デモンストレーションの実施などがある。

プル（戦略）

広告やパブリシティなどを活用して顧客に直接働きかけるマーケティング戦略のこと。顧客の購買意欲を喚起し、自社商品・サービスの指名買いを狙う。プッシュとプルは働きかける方向は違うが、互いにサポートし合うことでマーケティング効果が高まる。

Chapter3.商品マーケティング・企業ブランディング系

例題⑥

口コミマーケティング

よくあるSituation

ロングセラーのチョコレート菓子。味やパッケージを変えずに売上を伸ばすには？

問題 このところ、会社の主力商品であるチョコレート菓子の売上が、伸び悩んでいる。消費者はもちろん、業界内での認知度も高いロングセラーの定番商品なのだが、後発のライバル商品が大量に出回り、つねに目標(ベンチマーク)とされるのが影響しているらしい。

が、長年愛されたお菓子だけに、味やパッケージデザインを変えるつもりはない。できれば、マーケティング方法を変えて、売上を伸ばしたい。一体どのような方法が有効だと思うか?

A 従来どおりCM・新聞広告を中心にしたまま、広告費用を増やす

B イベントや交通広告など、新しい媒体を試してみる

C マスコミ広告を止め、すべての活動を口コミマーケティングに切り替える

D 新たなメッセージを加え、これまでのマーケティング活動を継続する

Key Word

- FGI(フォーカス・グループ・インタビュー)
- 高感度層とマス層

定番商品ならではの難しさ

新商品と違い、定番商品の認知度は100％に達しています。売上が伸び悩んでいるとはいえ、急激な落ち込みとまでは言えません。毎年、ある程度は売れています。一大リニューアルを断行した結果、新規顧客の獲得に失敗し、長年愛用するファンにもソッポを向かれては、元も子もないのです。

即席めんのロングセラー商品と言えば、1966年に発売された「明星チャルメラ」。数週間から数カ月単位で新商品の投入と淘汰が繰り返される世界で、今も売れ続けています。マイナーチェンジこそあれ、ベースの味や屋台を引くチャルメラおじさんのデザインは基本的に踏襲されています。

同じ年に発売されたトヨタの「カローラ」は、生産累計台数が3000万台に迫る世界一の大衆車です。前年実績は下回ったものの、2004年も17万台以上を販売し、国内の車名別新車販売で2年連続のトップでした。

歴史に残るリニューアルの失敗例は、コカ・コーラです。85年4月、ペプシの追い上げに危機感を強めた同社は、調合を変えた「ニューコーク」の発売を発表。同時に「コカ・コーラ」の販売はストップされました。

コカ・コーラの味とブランドに「精神的な愛着を感じていた」消費者からの抗議が殺到しました。日々激しさを増す消費者の声を受け、7月にはコカ・コーラの販売を再開。**ニュー※コークは静かに姿を消した**のです。

■キットカットできっと勝つ

ネスレの「キットカット」は、73年に発売されたチョコレート菓子のロングセラー。00年を境に、キットカットの売上は大幅な増加に転じました。

きっかけは「キットカットできっと勝つ」という受験生の間で広まった語呂合わせの口コミでした。お守りと同じ合格祈願の受験グッズなのです。試験会場の休憩時間には、キットカットを食べる受験生が多いと言います。

消費者は多かれ少なかれ、マス広告で発信される供給者主導の情報に不信感を抱いています。真偽のほどを知ろうと、本音満載の口コミ情報に頼るのです。ネットや携帯メールの普及が、口コミの範囲を一気に広げました。

最小限のリスクで、主力商品の売上を伸ばす方法は何だと思いますか？

定番商品大ブレーク事例

商品名：**キットカット**

「きっと勝つ」

受験生の間で
お守りとして
大ブレイク

コンサル的 Suggestion

定番商品にもブレイクの余地あり 顧客独自の消費スタイルを探り 中身はそのままに 新メッセージを加えた情報発信を！

ロングセラーの定番商品といえども、売上増の余地は十分にあります。そのためには、メーカー発想にはない消費スタイルの発掘と情報発信が必要です。一方で、長年愛用する既存顧客への配慮を忘れてはなりません。

キットカットの成功には、ネスレの巧みな口コミ戦略がありました。

01年頃、受験生の間で口コミが広がりつつありました。ほどなくネスレの地方社員が、受験シーズンに入ると、売上が急上昇していることに気づきます。本社では、全国的に受験生の親などが試験前の子供のために購入している事実を確かめ、マーケティング活用を決めたのです。

が、「キットカットできっと勝つ」は、受験生の間で自然発生したものです。会社が大々的に宣伝するのは避けたい。そこで同社は口コミが自然な形で広がるような仕掛けに専念しました。

キャンペーンは02年の受験シーズンから。ホテルに泊まる受験生にキットカットを配り、予備校での商品販売をスタート。

1年後には、合格祈願のお守りに次ぐ、受験のゲン担ぎアイテムとして定着しました。

05年、BBC（英国放送協会）が、「キットカット現象」をネットニュースで配信。国内の大手マスコミが追随し、マス宣伝が一気に増えたのです。

■顧客の消費スタイルに耳を傾ける

お菓子が受験のお守りになるといった斬新な消費スタイルは、メーカー発想ではなかなか思いつきません。

かといって、顧客の購買データをいくら分析しても、少数派の奇抜なニーズを抽出するのは困難でしょう。

一つには仮説を立てる方法がありますが、ほかに顧客の声を直接ヒアリングするFGI（フォーカス・グループ・インタビュー）やアンケート調査も、効果的な方法です。

FGIは、定期的に自社ユーザーを集め、商品の使い方から日頃の不平・不満などをリサーチするマーケティング手法です。年齢、業種、地域の異なるヘビーユーザーのFGIを繰り返すことで、想定外の新しい消費スタイルが見えてくるかもしれません。

■高感度層に仕掛け最後はマスに

顧客ならではの消費スタイルを発見できたとします。しかし、いきなりマス層に訴えるのは間違いです。

口コミ情報の良さとは何でしょう？　企業主導ではない消費者主導、それも一部の高感度層が発信するからこそ、意味があるのです。ネスレの口コミマーケティングでは、まさにここがポイントでした。

最初は自社を全面に出さず、口コミの拡大を支援する黒子的な仕掛けに徹しました。そして口コミが高感度層からマス層に広がりかけたところで、マス媒体への露出度を高め、ブレイクに成功したのです。

オプション比較表

■消費スタイル

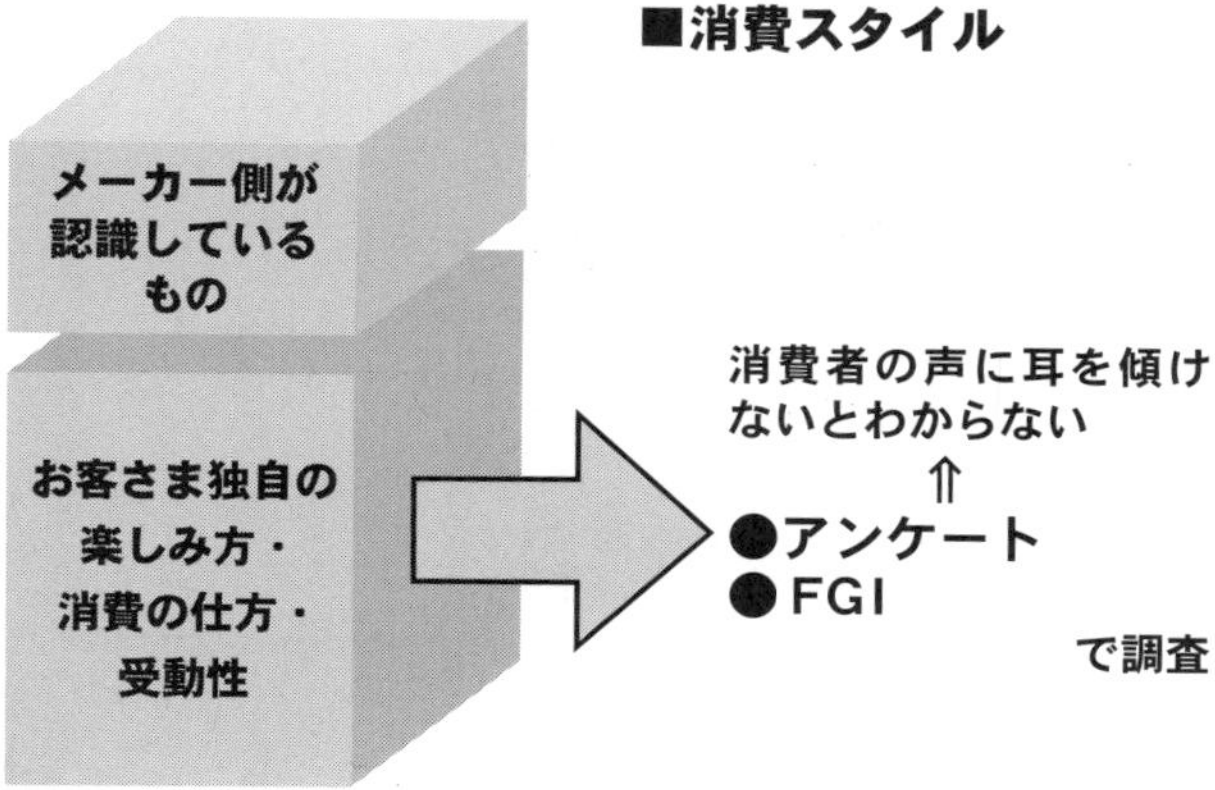

■口コミマーケティング

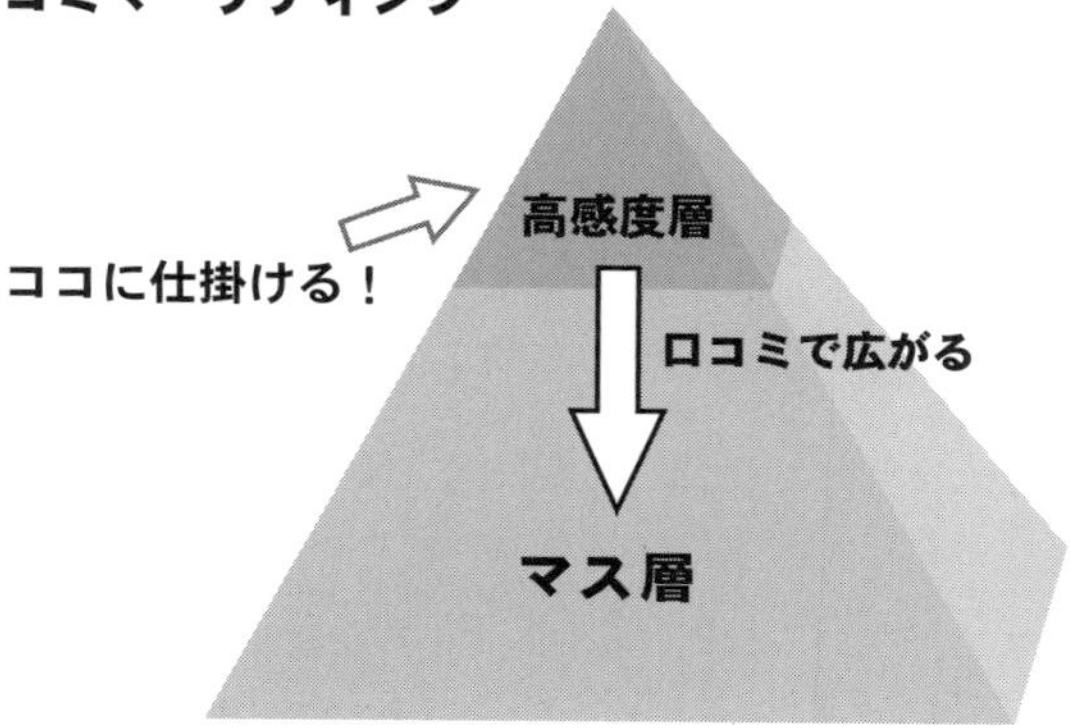

正解

D

A 従来どおりCM・新聞広告を中心にしたまま、広告費用を増やす ……△

B イベントや交通広告など、新しい媒体を試してみる ……△

C マスコミ広告を止め、すべての活動を口コミマーケティングに切り替える ……×

D 新たなメッセージを加え、これまでのマーケティング活動を継続する ……○

解説

Aの「従来どおりCM・新聞広告を中心にしたまま、広告費用を増やす」は△です。売上は伸びるでしょうが、すでに認知度100％の商品ですから、十分な費用対効果があるとは考えにくいからです。

Bの「イベントや**交通広告**※など、新しい媒体を試してみる」も△です。運良く新規顧客の開拓につながる可能性はありますが、新媒体だけに効果は未知数。やってみなければわからないでは、最適な選択とは言えません。

Cの「マスコミ広告を止め、すべての活動を口コミマーケティングに切り替える」は不正解です。すべてを口コミに切り替えてはいけません。マス広告に慣れ親しんだ顧客の信頼を失うリスクが大きいからです。

Dの「新たなメッセージを加え、これまでのマーケティング活動を継続する」が正解です。売上が伸び悩んでいるとはいえ、現在のマス広告を使ったマーケティング活動は成果を上げています。また、口コミがすべてのケースに有効とも限りません。

要は、媒体の問題というより、「キットカットできっと勝つ」のような新たなメッセージを加えていくことが重要なのです。

用語

ニューコークは静かに姿を消した

発表から1年後の86年春、ニューコークの生産は打ち切られた。ただし、完全に葬られたわけではなく、定期的にテスト販売を行っているという。復活したコカ・コーラは順調に売上を伸ばし続け、87年にはペプシを抜いて再度、飲料トップに返り咲いた。

交通広告

ここ数年、交通広告は以前と比べ多様化している。電車やバスの車体ラッピング広告が一般化。一車両や全車両をまるごと自社の車内吊り広告で埋め尽くしたり、ラッピング広告専用のトラックも珍しくない。東京メトロ銀座線の虎ノ門～溜池山王間には、走行中のトンネルの内壁をスクリーンにした、パラパラマンガのような動く広告が登場している。

COLUMN

コンサルティング力を鍛えるためのエクササイズ

ビジネスパーソンとして、今こそ成長すべきだと思っているが、最近伸び悩んでいる。「このままでは中堅社員で終わってしまうのではないか」。そんなキャリアの限界も感じ始めてきた……。現状を打破し、もう一度自分を鍛えなおすためには、仕事やプライベートの時間を効率的に使って、一体どんなことをしたらよいのでしょうか？

A ロジカル思考を鍛えて問題解決力を向上させるために、関連書籍を読んだり、学校に通ったりする

B よく読まれているビジネス書籍などから、幅広く必要な知識を身につける

C 自己研鑽や自己啓発ではなく、実務経験を積むことを最優先させ、何よりも仕事に時間を費やす

D 必要不可欠なビジネス手法を事例に当てはめて学び、実務で使いこなせるように努力する

Aの「ロジカル思考を鍛えて問題解決力を向上させるために、関連書籍を読んだり学校に通ったりする」は“△”です。

ロジカル思考はコンサルティング力に必要不可欠な要素ですが、これだけですべてが解決できるわけではありません。何よりも実際のビジネスシーンで手法を

使えるようになることが大切です。応用できない知識では「宝の持ち腐れ」になってしまいます。

Bの「よく読まれているビジネス書籍などから、幅広く必要な知識を身につける」は“×”です。

何もしないよりはマシですが、ビジネス書の評論家になるわけでないので、これを最優先させてもダメ。まれにこういった新人コンサルタントがいますが、相手にとって最善の提案ができずに、「教科書チックな話はいいから」と低い評価を受けたりするものです。

Cの「自己研鑽や自己啓発ではなく実務経験を積むことを最優先させ、何よりも仕事に時間を費やす」も“△”です。

仮にまだまだビジネス経験が浅いのであれば、これは大事です。でも、これから幹部になることが期待されていたり、実際に重要な意思決定を下す立場にいる場合、実務経験からでは「条件反射」的な答えしか出てこなくなります。ゼロベースで正しい答えを導き出せる訓練が必要です。

Dの「必要不可欠なビジネス手法を事例に当てはめて学び、実務で使いこなせるように努力する」が“○”です。

実際のビジネス局面で使える手法を身につけること、それを自分のものとして使いこなすことが、本当のコンサルティング力です。ビジネス戦略論オタクになるのではなく、問題解決請負人を目指しましょう。この本が提唱しているのは、まさにこのことですよね。

Chapter4. 会社人事系

例題①

Win-Win の関係

よくあるSituation

業者泣かせで有名な“価格交渉の鬼”が相手。どのタイミングでいくらを提示するか？

問題

提案力と熱意の営業アタックが功を奏し、ようやく新規開拓に成功した。開拓先企業から商品注文の問い合わせが入り、いよいよ価格交渉をするタイミングとなった。これまでの話から判断するに、業者泣かせの価格交渉巧者だということがわかっている。

とくに先方の担当部長は、価格交渉を生き甲斐にしているのではないかと思うほど、要求が高いことで有名。どんな見積もりをいつ先方に出したらよいか？

A コスト割れ寸前の限界ギリギリの価格を提示する

B こちらの希望価格と、限界価格の中間値を提示する

C こちらの希望価格よりも、大幅に高い価格を提示する

D こちらからは先に価格提示をしない

Key Word

●アンカリング効果

海外土産の価格交渉結果は？

あなたが海外旅行に行ったとします。到着数日後、地元ならではのお土産を買おうと、旅行ガイドで紹介されていた露天商の集まるバザー（市場）に出かけました。

ある露店で、主人が大事そうに飾っている一体の木彫りの人形を見つけます。素朴ながら彫りは丁寧のようです。なにより味わい深い表情に惹かれました。主人に尋ねると、「いつも手に入るわけではないが、あなたは特別運が良い」と言うではないですか。

ぜひともその人形をお土産にと思い、いくらかと聞いてみます。

「日本円で5万円。貴重な品だから、これでも安いくらいだよ」と答えます。

いくらなんでもお土産に5万円は払えない……

そう思って主人との値引き交渉を始めます。いきなり3万円に下がり、1時間粘った末、8割引きの1万円で交渉成立です。

「我ながら買い物上手、いや普段のビジネス交渉の成果か」と一人悦に入り、バザーをあとにします。ところが、帰国日に立ち寄った空港近くのお土産屋でビックリ。あの木彫りの人形に1000円の値札が付いています。貴重な品どころか、ありふれた木彫りの人形を市場価格の10倍で買っていたのです。

少々話を誇張してはいますが、似たような経験をした人も少なくないと思います。

■Win—Winの交渉とは

旅先での価格交渉は露天商が勝者で、購入者が敗者でした。4万円は値切ったものの、一般的な市場価格は1000円です。実は木彫り人形の商品原価は100円、仕入価格は200円くらい。9800円を儲けた側と、少なくとも9000円高く買った(=損した)側との間に、**Win—Winの関係**※は成立しません。

法人間の価格交渉でWin—Winの関係を成立させるには、精神的な満足感のほか、一方的でない利益の共有や分配が必要でしょう。詳細な製造コストまでは知らないとはいえ、市場の相場観は十分持っています。価格交渉の鬼に対しては、どんな見積もり提示が効果的でしょうか?

4万円値切ったつもりが…

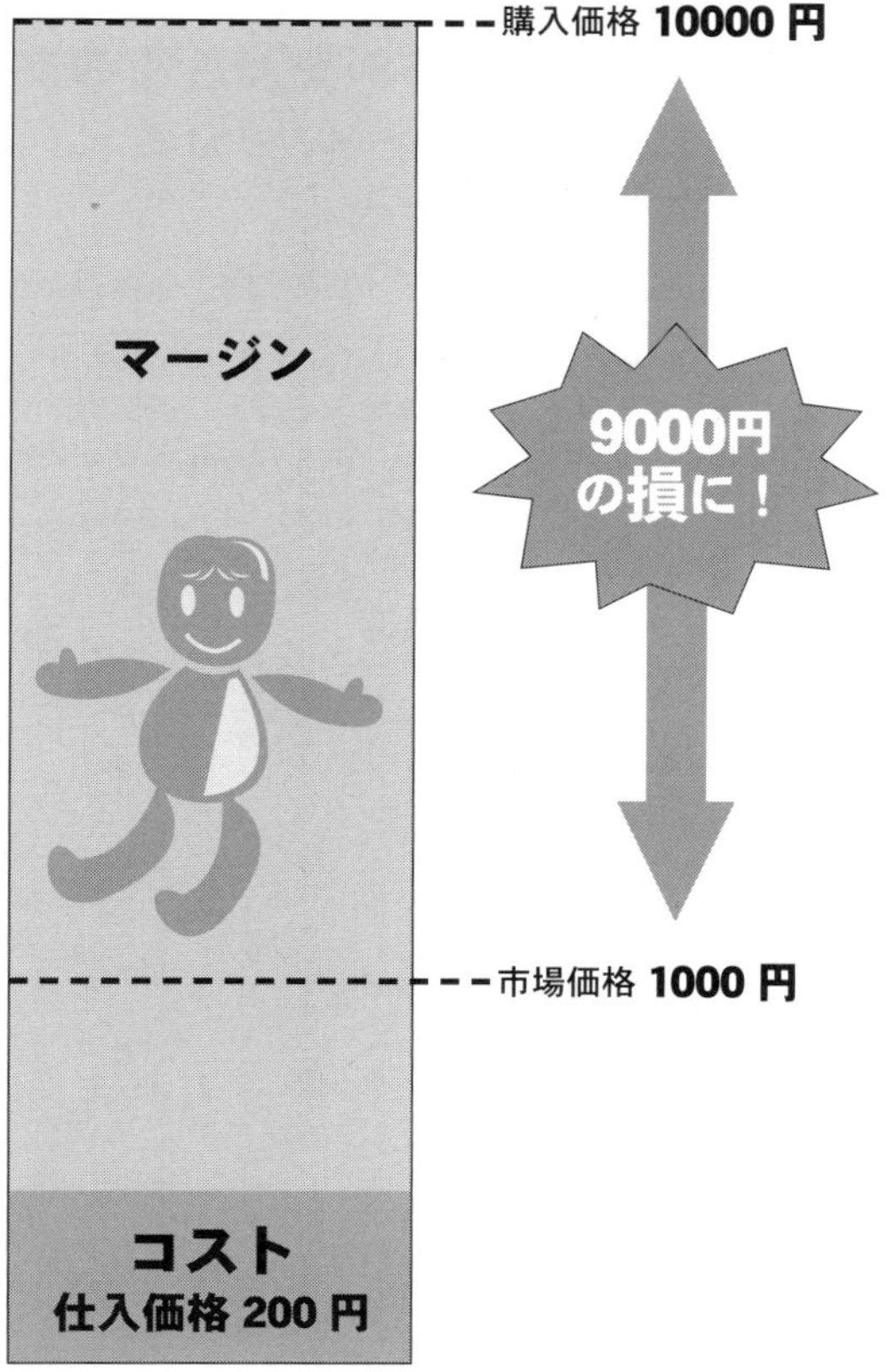

コンサル的 Suggestion

アンカリング効果の働きで最初の提示価格が交渉を左右する自社の利益と相手の値引き両者満足の取引を！

アンカリング効果によって価格交渉の基準値となる最初の提示は、非常に重要な意味を持っています。価格巧者の相手に花を持たせつつ、自社も実を取る方法を考えましょう。

アンカリング効果とは

アンカリング（錨）効果は、交渉術でよく使われる重要なテクニックです。過去に起こったことや誰かが言った内容が、まるで船の錨のように心の中に根を下ろし、何をするにも、それを基準に考えてしまう傾向を表しています。

海外の露天商から1万円で購入した木彫りの人形を思い出してください。「5万円」という最初の言い値が、あなたの心の中に下ろされた錨です。

この値段を基準に価格交渉がスタートしてしまったからこそ、他店なら1000円程度の品にもかかわらず、4万円の値引きで大満足だったのです。百戦錬磨の露天商に、みごとなアンカリング効果を使われ、まんまと一杯食わされたということなのです。

■アンカリング効果

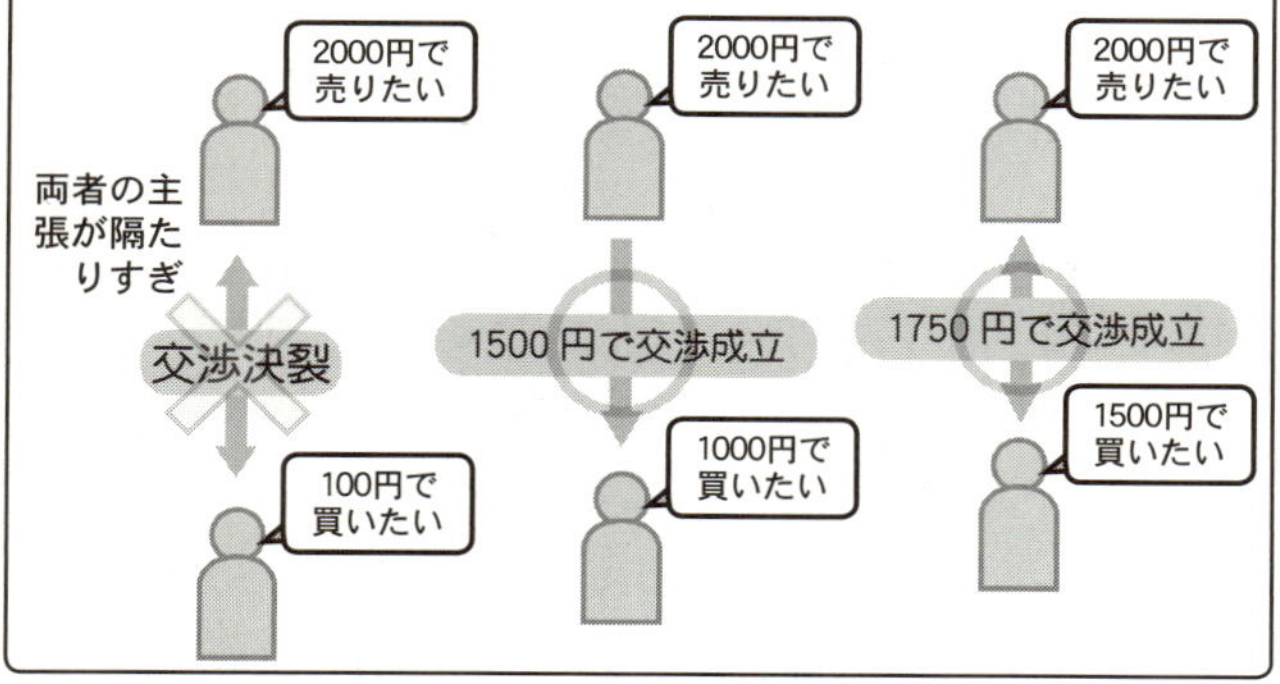

価格交渉のケースでは、最初に自分（自社）が売りたい価格より高い価格を提示し、相手の意識をそこに固定させてしまいます。そのうえで、価格交渉を有利に進めていくのです。

仮に10万円で売りたい場合は、相手の値引きに備えて「20万円」を提示します。顧客は必ずその価格に引っ張られるので、20万円からどれだけ値引きするかに意識を集中させることができるのです。

結果として4割引の12万円で売っても、商談は大成功。まさにアンカリング効果のおかげです。もちろん、**価格交渉以外**※でも使えます。

■敗者が出ない価格提示を

今回、新規開拓に成功した商品の限界コストは１５００円。自社の希望価格は１９００～

2000円ですが、交渉相手の希望価格は不明。1700~1800円を「現実的な落としどころ」に想定している、と仮定します。

法人間の商品取引交渉では、相手もある程度正確なコスト情報を持っています。無理にふっかけると交渉不成立のリスクがありますし、相手も相場を無視した非常識な値引きを要求しないのが普通です。通常の見積もり提示なら、相手の値引きを織り込んだ2000円強を提示します。そこから交渉をスタートし、最終的には1割引程度の1750~1800円で交渉成立といったところでしょう。

ただ、問題のケースは「最初の提示価格をどれだけ値引くかが生きがい」の価格巧者が相手です。

現実的な落としどころ

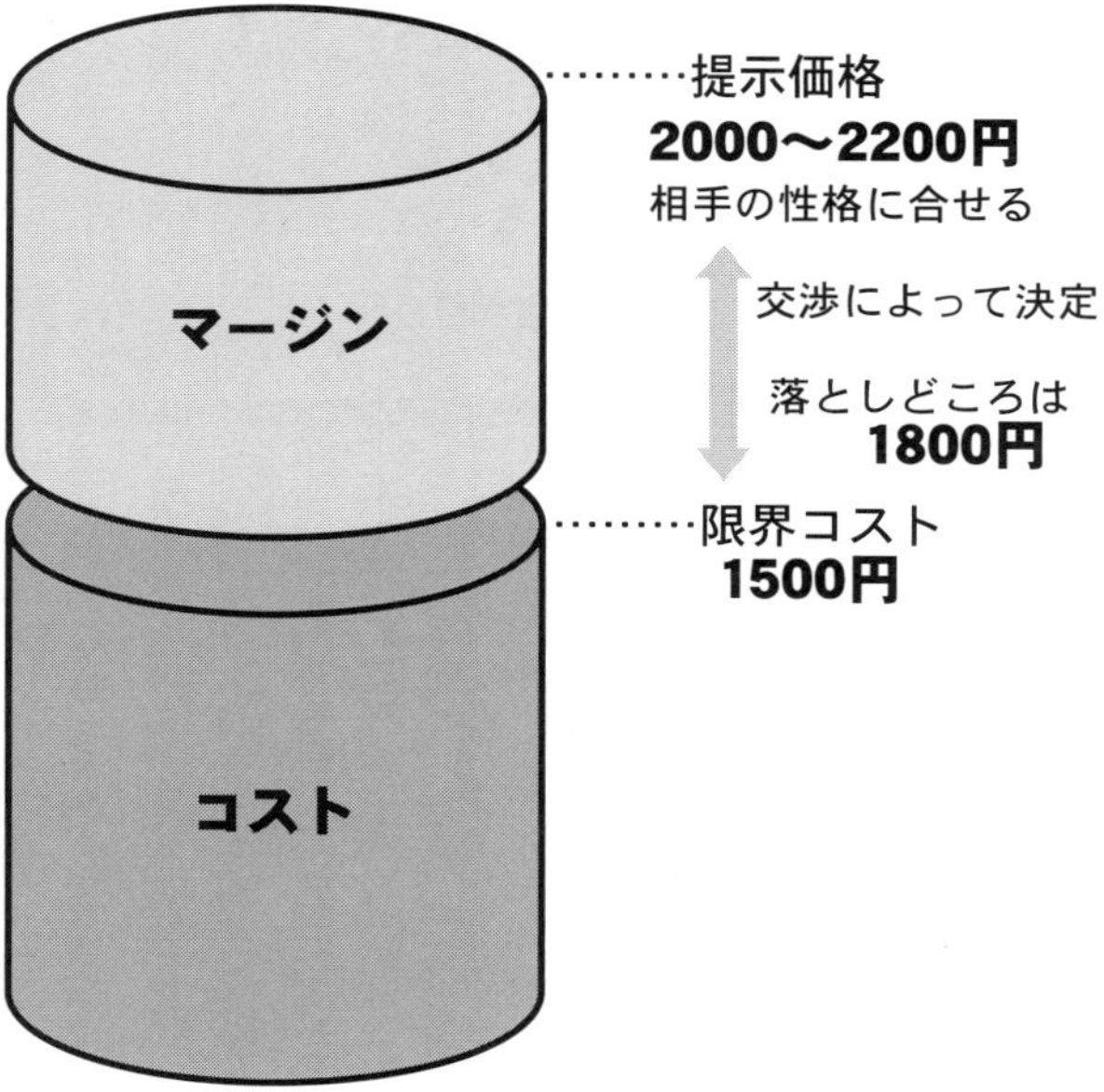

提示価格
2000～2200円
相手の性格に合せる
交渉によって決定
落としどころは
1800円
限界コスト
1500円
マージン
コスト

正解

なし

A コスト割れ寸前の限界ギリギリの価格を提示する ……×

B こちらの希望価格と、限界価格の中間値を提示する ……×

C こちらの希望価格よりも、大幅に高い価格を提示する ……△

D こちらからは先に価格提示しない ……△

解説

A の「コスト割れ寸前の限界ギリギリの価格を提示する」は不正解です。価格巧者を恐れるあまりに最初から限界コストを提示しても、そこから値引かれるのは必至。採算割れの価格で交渉が成立するからです。

B の「こちらの希望価格と、限界価格の中間値を提示する」も不正解。現実的な落としどころの中間価格から相手の値引きがスタートするので、結局は限界コスト付近で決まるからです。

C の「こちらの希望価格よりも、大幅に高い価格を提示する」は△です。希望価格より高い価格提示は正しいのですが、大幅に高い（4000円程度）と交渉不成立の可能性があるかあらです。初注文の交渉成立は絶対条件です。

Dの「こちらからは先に価格提示しない」は△です。相手のアンカリングを知ったうえで、その後の値引きを織り込んだ価格をこちらから提示できます。交渉の主導権を握りつつ、最後は両方納得の価格で落ち着くでしょう。しかし、営業マンの立場で「先にそちらの価格を教えてください」と言えるかどうか。出入り禁止をくらうリスクもあり、正解とまでは言えません。

リーゾナブルに高い価格（２０００円強～２２００円くらい）を提示するのが、この問題の正解です。それなら利益の確保と値引きの満足が両立するＷｉｎ―Ｗｉｎの関係が成立します。

用語

Win―Winの関係

どちらかが一方的な利益を得ると、Win―Loseの関係になる。一方は商品・サービス、ナレッジ提供の対価として十分な金額（利益）を得、もう一方も提供された商品・サービスの十分な恩恵に与り、その恩恵（付加価値）に見合った金額を支払うと、価格交渉におけるWin―Winの関係が成立する。最近は企業間アライアンス（事業提携）を組む際によく使われる。その場合は、事業や収益拡大メリットを互いに享受するといった意味合いが強い。

価格交渉以外の使い方

納期のスケジュールや企業合併に伴う条件交渉などでも効果的に使える。納期では例えば、「商品の納入には2週間必要です」とアンカリングしておき、実際には1週間後に納入する。当然、顧客からは「1週間も早いじゃないか」と感謝される。

Chapter4. 会社人事系

例題②

スケジュール術

よくあるSituation

**スケジュールソフトが
全社導入された！
活用するかできるだけ
サボるか？**

問題

トップダウンの指示により、半ば強制的にスケジュールソフトが導入された。社内の全社員を対象に、自分のスケジュールをオンライン上で公開することが義務付けられたのである。

従来は手帳に手書きで済ませていたのでとても面倒くさいのだが、全社的な業務効率、ひいては組織力の向上を目指す会社の方針なので仕方がない。どんな姿勢でスケジュールソフトと向かい合うべきか？

A 外出や会議など、離席時のスケジュールのみ入力する

B 上司にうるさく言われるまでは、できるだけ入力しないようにする

C 作業時間や夜の予定など、とにかくすべてのスケジュールを入力してしまう

D 他の社員と一緒に仕事をするスケジュールのみを入力する

Key Word

●時間確保型スケジュール
●時間管理型スケジュール

ソフト導入はトップの危機感の表れ

スケジュールソフトに限らず、職場での情報支援ツールの導入が進んでいます。その理由は、業務効率化を図ると同時にナレッジ（知識）を蓄積・共有し、最終的には組織全体の底上げを実現するためです。組織力の向上はすなわち、自社の競合優位性を高めることを意味しています。

ナレッジとは、個人や特定部門が仕事を進める際に習得した独自ノウハウ、成果物のことです。個人相手の営業マンであれば、顧客の「落とし方」や「見込み客のつかみ方」であり、商品開発部門なら、「商品別・顧客層別の市場調査分析資料」などがあります。

組織の縦割り化はもちろん、仕事が専門化し、個人・職場単位の成果主義が導入された結果、社内横断的な情報共有は進みづらい状況です。しかし、顧客ニーズが刻々と変化する今日では、特定の個人・職場が独占しているナレッジを速やかに共有し、組織の生産性や創造性を高めねばならないのです。

今回、トップダウンの指示により、半ば強制的にスケジュールソフトが全社導入されました。これはトップの**ナレッジ・マネジメント**※に対する危機感、社内の抵抗を見越した強い意思の表れと言えるでしょう。

■情報支援ツールは多種多彩

スケジュールソフトは情報支援ツール・システムの一つにすぎません。代表的なものをいくつか紹介します。

情報共有を主目的とするソフトはグループウエアと呼ばれ、スケジュールや掲示板機能も備わっているのが普通です。

ほかに社内情報を一堂に集めた企業情報ポータル（ＥＩＰ）システムがあり、顧客情報の管理に加えて営業・クレーム履歴などをデータベース化し、営業活動や商品開発と連動させるカスタマーリレーションシップ・マネジメント（ＣＲＭ）も、ナレッジ共有が目的の情報支援システムと言えます。

営業関連では、営業の全プロセスを管理するセールスプロセス・マネジメント（ＳＰＭ）システムや、ネットワークを活用してリアルタイムで営業現場を支援できるセールスフォース・オートメーション（ＳＦＡ）があります。

通信ネットワークとモバイル情報端末の発達が、企業への導入促進を後押ししたことは言うまでもありません。

ナレッジマネジメント SECI モデル

暗黙知

共同化
(Socialization)

経験の共有によって、人から人への暗黙知を移転すること

表出化
(Externalization)

暗黙知を言葉に表現して参加メンバーで共有すること

暗黙知

形式知

内面化
(Internalization)

表出化された知や連結された知を自らのノウハウあるいはスキルとして体得すること

連結化
(Combination)

言葉に置き換えられた知を組み合わせたり再配置したりして知を創造すること

形式知

コンサル的 Suggestion

導入メリットを理解できない人はできるビジネスパーソン失格 仕事の効率化を図るべくソフトはとことん使い倒す！

導入されたソフトを使い倒すことで、できるビジネスパーソンにふさわしい時間確保型スケジュールへの転換が図れます。面倒くさいからと、入力の手間を惜しまないことです。

入力作業が面倒くさい。自分の意思でなくトップからの指示で強制的に、となればなおさらですね。

そこでこの際、思い切ってスケジュール管理に対する意識を１８０度改めてみてはどうでしょう。「手帳に手書きで済む程度の予定をなんでわざわざ」と思うから、嫌々の作業になってしまうのです。

スケジュールソフトをとことん使い倒すメリットを理解すれば、喜んで入力するようになるでしょう。

■時間は自ら確保するもの

スケジュールには、時間管理型と時間確保型があります。会議や社内外との打ち合わせ、外出などの離席時を中心に管理するのが、時間管理型スケジュール。大半はこの方法を採用しています。一方、経営コンサルタントの多くが採用するのは、時間確保型スケジュールです。

時間確保型では、スケジュールをあえて目一杯詰め込みます。誤解してほしくないのですが、コンサルタントだからといって、打ち合わせやアポが極端に多いのではありません。

スケジュール表をよく見てください。電話タイムやメールの返信、仕事の作業時間、プライベートな食事会の時間まで打ち込まれています。要は、なんでもスケジュールにして、事前の時間確保を習慣化しているのです。

最大のポイントは、「すべての予定を打ち込み、それぞれの作業に必要な時間を事前に確保しておく」ことです。人間とは悲しいもので、やるべき予定を立てないと、何もしないままムダに時間を過ごしてしまうものなのです。

ちなみに私はマイクロソフトのアウトルックで管理しています。画面を1週間分のスケジュールが見られるように設定し、いつもパソコンのデスクトップに配置しています。目先の1週間程度のスケジュールが頭に入っているので、スケジュール帳やPDAを持ち歩く必要もなくなりました。

〝遊び〟時間が仕事効率を高める

すべての予定と作業時間を把握できる時間確保型スケジュール管理は、**ワーク**※**フロー管理**とも言えます。

忙しい割に成果が上がらない人はもちろん、今以上の成果を出したいという人にも、大きなメリットがあります。もう一度、スケジュール表をよく見てください。予定がギチギチに入っているようで、そうではないのです。

スケジュールは30分単位で組み、少し時間的な余裕を見ています。作業の難易度を考えると20分で終わる作業は30分、45分の作業なら大雑把に60分を確保しておく。早めに終わった余りが〝スキマ〟時間です。お茶を飲んでリフレッシュしてもいいし、未来の仕事の先取りだってできます。優秀な人が〝スキマ〟時間を持つことで、ますます仕事の効率が上がっていくのです。

ある日の時間確保型スケジュール表

9：00	定例ミーティング
9：30	移動
10：00	
10：30	A 社：新企画打ち合わせ
11：00	
11：30	
12：00	昼食
12：30	
13：00	
13：30	B 社：分析作業
14：00	
14：30	
15：00	メール返信（5 通）
15：30	
16：00	面接
16：30	
17：00	
17：30	プレゼン用資料作成
18：00	
18：30	
19：00	
19：30	C 社：営業会議
20：00	
20：30	

5 分あまった！
コーヒーを飲みながらブレスト

10 分あまった！
新着メールをチェック

5 分あまった！
気分転換にストレッチ

時間管理型スケジュール

○月×日	
10 時～	営業会議
12 時～	商談
17 時～	チームミーティング

正解

C

A 外出や会議など、離席時のスケジュールのみ入力する ……△

B 上司にうるさく言われるまでは、できるだけ入力しないようにする ……×

C 作業時間や夜の予定など、とにかくすべてのスケジュールを入力してしまう ……○

D 他の社員と一緒に仕事をするスケジュールのみを入力する ……△

解説

Aの「外出や会議など、離席時のスケジュールのみ入力する」は△とします。できるビジネスパーソンには物足りない使用法ですが、一応、最低限は使っているからです。

Bの「上司にうるさく言われるまでは、できるだけ入力しないようにする」は間違い。トップの危機感やスケジュールソフトのメリットをまったく理解しないBの態度は、ビジネスパーソン失格です。

Cの「作業時間や夜の予定など、とにかくすべてのスケジュールを入力してしまう」が正解です。ワークフローの管理や見直しができ、より効率的な仕事が可能なのですから、目一杯活用するのが正しい取り組みです。

D の「他の社員と一緒に仕事をするスケジュールのみを入力する」も△とします。ほめられた使い方ではないものの、**A** と同じく最低限は使用しているからです。

用語

ナレッジ・マネジメント

特定の個人や職場が独占していたナレッジ（知識）を共有し、組織としての生産性・創造性を高める体制を整え、維持・活用していくこと。その結果、例えば、営業現場で収集された顧客データをすばやくマーケティング部門が分析。分析結果はただちに営業部門や商品開発部門に送られ、営業アプローチの見直し、新商品開発に着手する、といった対応が可能となる。

ワークフロー管理

ビジネス手続きを自動化し、仕事の処理手順を規定することで、関係者の間を情報や業務が円滑に流れるようにすること。また、そうやって作られた流れのこと。個人版のワークフロー管理では、作業の効率化（作業時間の短縮）に加え、不必要な作業や他者に振るべき作業のピックアップ、優先順位・難易度づけなどが可能だ。

Chapter4. 会社人事系

例題③

メンタルヘルス

よくあるSituation

交際相手と別れ、仕事が手につかない。今の状態を抜け出すよい方法は？

問題

あなたは最近、長年付き合っていた交際相手と別れてしまった。そのショックが尾を引き、まったく仕事が手につかない。普段以上に仕事のミスを重ねる始末で、上司からも「気合が入っていない」と怒られることがたびたび。

仕事とプライベートが別物だと頭ではわかっているつもりだが、なかなか体は言うことを聞いてくれない。

今の状態を抜け出すには、一体どうしたらよいのか？

A 一段落したら休暇をとって心の傷を癒す旅に出る

B 仕事で目一杯忙しい状態に自分を追い込む

C 毎晩のように合コンに繰り出し、新しい相手を見つける

D 別れた相手とヨリを戻すべく努力をする

Key Word

●サンクコスト

サンクコスト発想を身につけよう

ここでは解決のヒントとなるサンクコスト発想を紹介します。サンクコスト（埋没原価）とは、会計学上の用語で「支出した費用のうち、回収不可能な費用」と定義されます。わかりやすく言うと、「もはやどうにもならない過去の失敗」という意味です。

どうにもならないものであれば、いまさら考えても仕方がないのです。いくら腹を立てたり、後悔したりしても、その失敗を「なかったこと」にはできません。であるなら、失敗はキレイさっぱり忘れ、今なにをすべきかを第一に考えるべきなのです。

実際、日常生活のちょっとしたトラブルやビジネス上の失敗を解決するのに、**サンクコスト発想が役立つ**※ケースが多いのです。

■ビジネスや私生活にも応用可能

ありがちな日常シーンで説明します。

雪が降りそうなぐらい底冷えする真冬のある日。あなたはバス停でもう20分以上もバスが来るのを待ち続けています。手足はかじかみ、冷たい風で耳がちぎれそうになり、感じるのは苦痛ばかりです。

そのうえ友人との待ち合わせ時間が迫っています。さて、どう考えますか。

「せっかく20分も待ったし、もったいないから、もうちょっと待ってみよう。もし歩き出して、すぐにバスがやってきたら乗り損ねてしまう。これまで待った20分をムダにしないためにも、あと少しはガマンしないと」

この考え方は本当に正しいでしょうか？　今、考えなくてはならないのは、バス停で待つのに使った20分をムダにしないことではないはずです。待ち合わせ時間までの残り時間、すぐに歩き出せば間に合うのか。間に合わないならタクシーを拾うべきか。携帯で「遅れるからどこかで休んでいて」と伝えるか、などを考えるべきですよね。ムダにした20分は関係ないのです。ビジネスシーンでも同じです。

最盛期には3万円で飛ぶように売れたデジタルカメラ。ところが、増産を始めたとたん、競合他社が低価格の新機種を発売。販売ペースは急激に鈍り、大量の在庫を抱えてしまいました。

「価格を大きく下げるのはもったいないから、今の価格で売り続けよう」

こんな判断は間違いです。売れる価格で売り切ってしまい、不良在庫はさっさと処分するのが、正しい意思決定ですよね。

どうです？　とても便利で前向きな発想だと思いませんか。

サンクコスト発想

ケース①

バス停待ち

真冬の寒い日。20分待ってもバスが来ない。友人との待ち合わせ時間が迫っている。

待った20分をムダにしたくないし、もうすぐバスが来るかも……

ケース②

不良在庫の処分

３万円で飛ぶように売れたデジタルカメラ。増産したとたん、競合他社の最新機種が登場。販売量ガタ落ちで大量の不良在庫を抱えることに。

価格を大幅に下げては原価割れの恐れがあるし、３万円のままでも在庫はいずれなくなる……

ビジネスに予測不可能な失敗はつきもの。その失敗で悩むより、なかったものとして、今なにをすべきかを考えるのが“サンクコスト”発想である

コンサル的 Suggestion

終わった恋愛はサンクコスト 早く吹っ切るために 自分の仕事に全力投球 頭をほかのことで一杯にする

終わってしまった恋愛は、サンクコストと考えられます。が、早く気持ちを切り替えようと考えるほど、かえって忘れられません。彼女のことを考えずに済む方法を見つけましょう。

■過去の恋愛はサンクコスト化

終わってしまった恋愛は、サンクコストとして処理すべきです。

別れた彼女のことを何度も思い出し、「あのときこうしておけば」と後悔しても、なかったことにはなりません。仕事に支障をきたすほどの出来事であればなおさら、過去の恋愛はキレイさっぱり忘れ、今なにをすべきかを第一に考えることが重要です。

優秀なビジネスマンのあなたですから、そんなことは百も承知でしょう。ところが、簡単には割り切れず、仕事にも集中できない。なぜか？　それは、「人の脳は同時に二つのことを考えられない」という習性があるからです。

私たちは同時にいろんなことを考えていると思

いがちです。仕事のこと、彼氏彼女のこと、友人や家族間のトラブル、今夜のテレビ番組、ボーナスの使い方、ひいきチームの勝敗、週末の過ごし方etc。多くのことを考えているのは確かですが、決して「同時に」ではありません。

実際には、一つずつを順番に考えているのです。仕事のことを考え終わってから彼女のことを考え、その次に今夜の予定を考える、といった具合に。一度に10人の意見を聞いて指示したとされる聖徳太子の逸話が常人離れしているように、常人は一度に一つのことしか対応できないものなのです。

交際相手と別れたショックで仕事のミスを重ね、「早く気持ちを切り替えなければ」と焦るあなたの脳には、日に何十回も彼女の顔が浮かんでいます。仕事が手につかないのは、当然の結果と言えるでしょう。

■頭の中を仕事で一杯にする

が、ここに問題解決の糸口があります。物理的に彼女のことなど考える余裕がないくらい、頭の中をほかのことで一杯にしてしまうのです。

私が以前読んだ本にこんなことが書かれていました。

「悩みを抱えた人は、忙しい状態に自分の身を置くことです。暇でいると、つい、そのことを考えてしまいます。忙しくしていれば、絶望感にさいなまれることもありません」

終わった恋愛のことばかり考えて、仕事のモチベーションが下がるのだったら、いっそ朝から晩まで、休日返上の覚悟で仕事に全力投球するほうがよいのです。彼女のことを考えずに済み、ビジネスマンとしての成長にもつながるのですから。

人は同時に二つのことを考えられない

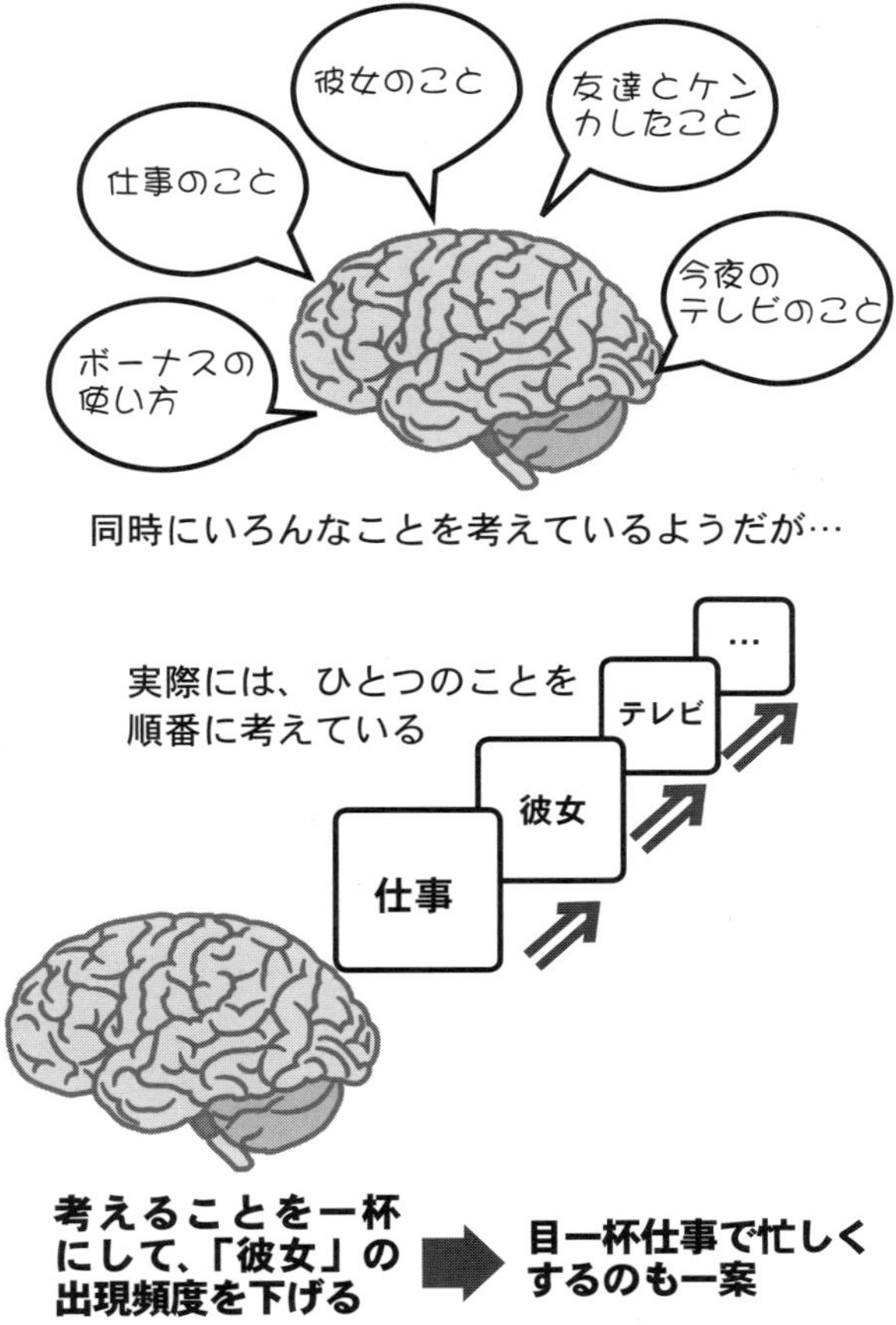
彼女のこと
友達とケンカしたこと
仕事のこと
今夜のテレビのこと
ボーナスの使い方
同時にいろんなことを考えているようだが…
実際には、ひとつのことを順番に考えている
…
テレビ
彼女
仕事
考えることを一杯にして、「彼女」の出現頻度を下げる
目一杯仕事で忙しくするのも一案

正解

B

A	一段落したら休暇をとって心の傷を癒す旅に出る	……×
B	仕事で目一杯忙しい状態に自分を追い込む	……○
C	毎晩のように合コンに繰り出し、新しい相手を見つける	……△
D	別れた相手とヨリを戻すべく努力をする	……×

解説

Aの「一段落したら休暇をとって心の傷を癒す旅に出る」は不正解です。旅先では一人で考える時間がタップリあります。過去の恋愛を吹っ切れないあなたの頭の中は、四六時中、彼女のことで一杯になってしまうからです。ミスを重ねたあげく、仕事を休むのでは評価にも影響します。

Bの「仕事で目一杯忙しい状態に自分を追い込む」が正解です。こんなときこそ自ら難しいプロジェクトや新規事業の立ち上げに手を上げ、仕事で頭の中を一杯にしてしまえば、彼女のことを考えずに済むからです。

Cの「毎晩のように合コンに繰り出し、新しい相手を見つける」は△です。毎晩に近い合コンが仕事に悪影響を与えるのは確かですが、別れた彼女のことを早く忘れる意味では効果があるからです。あまり勧めませんが、運良く新しい交際相手が見つかれば、仕事のモチベーションが高まるでしょう。

Dの「別れた相手とヨリを戻すべく努力をする」は不正解です。終わった恋愛をサンクコスト化していないからです。ビジネスにも人生にも失敗はつきもの。いちいち悩むより、失敗はなかったことにして今なにをすべきか考える。この発想が成功への近道なのです。

用語

サンクコスト発想が役立つ

サンクコスト発想は企業の再生・復活にも役立つ。例えば、1998年に破綻した日本長期信用銀行（長銀）は、国有化を経て新生銀行に生まれ変わり、2004年には再上場を果たした。長銀は金融債中心の銀行業務を行っていたが、新生銀行では個人向けのリテールと投資銀行業務に軸足を移している。これはサンクコスト発想そのものである。

■参考文献

『企業財務入門』（日本経済新聞社）　井手正介 高橋文郎
『［新版］ＭＢＡマネジメント・ブック』（ダイヤモンド社）
グロービス・マネジメント・インスティテュート編
『１勝９敗』（新潮社）　柳井正
『超・学歴社会』（光文社）　溝上憲文
『ルネッサンス　再生への挑戦』（ダイヤモンド社）　カルロス・ゴーン
『39歳までに組織のリーダーになる』（かんき出版）　柴田励司
『戦略「脳」を鍛える』（東洋経済新報社）　御立尚資
『元役員が見た長銀破綻』（文藝春秋）　箭内昇
『Ｖ字回復の経営』（日本経済新聞社）　三枝匡
『世界の中心で、愛をさけぶ』（小学館）　片山恭一

その他、日本経済新聞をはじめとする国内外の新聞、『日経ビジネス』（日経ＢＰ社）、『週刊ダイヤモンド』（ダイヤモンド社）、『Ｔｈｉｎｋ！』（東洋経済新報社）、『プレジデント』（プレジデント社）などの経済誌、各企業や官公庁、個人のホームページを参考とした。

■著者
斎藤広達（さいとう・こうたつ）

1968年東京生まれ。慶應義塾大学を卒業後、エッソ石油（現エクソンモービルマーケティング）に入社し、主にマーケティング関連の業務に従事。シカゴ大学経営大学院修士（MBA）取得後、ボストン・コンサルティング・グループ、シティバンク、ローランドヘルガーを経て、現在はゴマ・ホールディングス、取締役社長。

著書に『ビジネス力養成講座』（飛鳥新社）『MBA仕事術』（日経BP社）『MBA的課長術』（幻冬舎）、『パクる技術』『失敗はなかったことにできる』（ゴマブックス）、『MBA的「無駄な仕事」をしない技術』（青春出版社）などがある。

■取材・執筆協力
清水泰（しみず・ゆたか）

明治大学卒業後、日刊ゲンダイ記者を経て、マスコミや談合問題などに取り組むフリーライターへ。98年より転職雑誌への執筆を始め、2003年4月に（有）ハッピー・ビジネスを設立。共著に『コンサルタント独立開業ガイド』（ぱる出版）、執筆・編集協力に『ビジネス力養成講座』（飛鳥新社）、『転職の青本』『14歳からの政治２』（ゴマブックス）などがある。

2008年2月9日 初版第1刷発行

PanRolling Library⑧

図解《ずかい》　コンサルティング力養成講座《りょくようせいこうざ》

著　者　　斎藤広達
発行者　　後藤康徳
発行所　　パンローリング株式会社
〒160-0023　東京都新宿区西新宿7-9-18-6F
TEL 03-5386-7391　FAX 03-5386-7393
http://www.panrolling.com/
E-mail　info@panrolling.com
装　丁　　パンローリング装丁室
印刷・製本　株式会社シナノ

ISBN 978-4-7759-3044-1

本書は、ゴマブックスより刊行された『ビジネス力養成講座　入門編』を、文庫収録にあたり加筆、再編集し、改題したものです。